CREATIVIDAD
en la
PLANIFICACIÓN

Manual preparado por
Estela M. de Bardiz

Diseño de Tapa: Ana Ruth Santacruz
© Ediciones Crecimiento Cristiano
Córdoba 419 / Tel: 0353-4912450
Villa Nueva, Cba.
Argentina
oficina@edicionescc.com
www.edicionescc.com

Ediciones Crecimiento Cristiano es una Asociación Civil
sin fines de lucro dedicada a la enseñanza del mensaje evangélico
por medio de la literatura.

Primera edición: 8/94
Segunda edición: 6/03

I.S.B.N. 950-9596-56-6

Impreso en los talleres de Ediciones Crecimiento Cristiano

IMPRESO EN ARGENTINA
EC2

Introducción

La tarea del maestro cristiano es hermosa pero nada fácil, ya que no se reduce a la hora u hora y media que dura el encuentro de los domingos o el tiempo que dura una "hora feliz" o clase bíblica.

La labor del maestro va mucho más allá, porque debe preparar los encuentros de manera tal que sirvan para que el alumno se desarrolle espiritualmente y tome decisiones importantes para la vida.

Como consecuencia, necesita planificar bien todo lo que se propone realizar. Para ello, debe tener en cuenta lo siguiente:

⇨ Las clases o encuentros deben tener como centro a la persona, con sus características físicas, psicológicas y espirituales, las cuales requieren una atención especial.

⇨ Es imprescindible considerar al alumno según su edad, nivel de desarrollo y necesidades.

⇨ Es importante fijarse metas a largo y corto plazos que orienten la tarea y le den coherencia.

⇨ Es necesario planificar de manera tal que los alumnos aprovechen y desarrollen al máximo sus capacidades personales.

Con este manual nos proponemos ayudarle a responder algunas de las preguntas que se hace todo maestro:

¿Por qué planificar?
¿Para quién planificar?
¿Qué es y cómo planificar?

Agradecimientos a:

⇨ José Young, por su apoyo en el ministerio de escribir.

⇨ Ariel Rodríguez, por sus correcciones y aportes.

⇨ Graciela de Pérez, por sus correcciones al manuscrito original.

⇨ Nora de Zandrino, por su estímulo permanente.

⇨ Las iglesias de Villa María, porque me permitieron desarrollar el don de enseñar a través de varios talleres que realizamos juntos.

⇨ Mildred Wagner, por su apoyo y sugerencias oportunas.

⇨ LAPEN, que me aceptó como maestra a los 14 años y me estimuló a crecer.

⇨ Mi iglesia, por su permanente apoyo a través de sus oraciones.

⇨ Theda Krieger, fundadora de LAPEN en Argentina, quien una vez me impulsó sabiamente en este ministerio.

⇨ Todos los niños que fueron mis alumnos, junto a los cuales aprendí mucho.

¿Por qué planificar?

Es fundamental planificar las clases bíblicas, porque son uno de los medios que la iglesia utiliza para cumplir con su ministerio. Por eso la tarea que se realiza a través de las clases bíblicas no debe ser improvisada, sino que debe reunir los siguientes requisitos:

⇨ Estar integrada al programa general de la iglesia y orientada por los objetivos que ella propone.

⇨ Estar planificada y organizada.

⇨ Posibilitar el cumplimiento con el ministerio encomendado por Dios, el cual está explicitado en:

- Mateo 28:18-20 (Versión Popular): Evangelizar, hacer discípulos, enseñar.
- Colosenses 1:28, 29 (Versión Popular): Anunciar, enseñar, luchar (esforzarse).

Analicemos ahora brevemente el significado de estos dos ministerios, y cómo se relacionan.

Evangelizar

Es anunciar, transmitir, comunicar las Buenas Nuevas para el hombre, el mensaje de salvación (liberación) que Dios ofrece a cada persona. El propósito de Dios es reconciliarse con el ser humano, si éste responde al llamado de Jesús aceptándolo como Salvador y Señor.

No se limita al arrepentirse, cambiar de actitud, sino que incluye el renunciar a un estado de rebelión contra Dios para volverse a él. Es la aceptación de la cruz de Cristo como único medio de liberación del pecado.

La salvación es un suceso, un hecho de la vida del hombre que es rescatado, liberado de la situación de pecador por Cristo. El resultado es la conversión (transformación) de la persona que se da gradualmente.

El aceptar la salvación que ofrece Dios es consecuencia de la acción del Espíritu Santo que obra en la persona que busca encontrarse con él. Además, es una decisión consciente tomada luego de escuchar y comprender que:

⇨ Todos somos pecadores y estamos separados de Dios (Romanos 3:23).

⇨ Dios nos ama (Juan 3:16).

⇨ Cristo es el único que nos puede liberar de la situación de pecadores (Romanos 3:24-28).

⇨ Es una decisión personal de: reconocer, confesar nuestra situación de pecadores y aceptar lo que Dios y Cristo nos ofrecen (1 Juan 1:8, 9).

El hecho de aceptar a Cristo como Salvador y Señor produce consecuencias en lo personal y en lo social.

En lo personal

- Nueva relación con Dios (Padre-hijo).
- Reconocimiento del señorío de Dios.
- Gozo de la vida eterna.
- Realización plena como ser humano.

En lo social

- Participar en:
  Una nueva familia (Efesios 2:19).
  Una nueva comunidad de fe, la iglesia.
  El discipulado (Mateo 28:18-20, Efesios 4:12).

Junto a ese suceso que es la liberación, la salvación produce un cambio total, que se logra a través del tiempo a medida que la persona madura espiritualmente. Comienza una nueva vida, nace una nueva persona, la cual es necesario alimentar, proteger, cuidar y educar.

Enseñar

Y aquí surge la otra dimensión del ministerio de la iglesia: *enseñar.* Es decir, no sólo se debe velar por el nuevo nacimiento, sino también, atender en forma especial al crecimiento y desarrollo de la nueva vida, para logar la madurez cristiana (Efesios 4:4-17).

La iglesia debe enseñar, para hacer accesible todo lo relacionado con el misterio de la fe y conocimiento del amor de Dios, y conducir a la obediencia a Dios (Romanos 1-5).

Enseñar requiere un esfuerzo por parte de la iglesia y del equipo de maestros. Este esfuerzo debe ser planificado y organizado, porque se trata de facilitar y promover el desarrollo de un estilo de vida cristiana, para formar y transformar a la persona según el modelo de Jesús (Colosenses 1:29, Versión Popular).

Cuando enseña, la iglesia se propone:

⇨ Adaptar las necesidades bíblicas, sin desvirtuarlas, al nivel de comprensión y de las necesidades de la persona.

⇨ Estimular y guiar a la persona para que pueda conocer a Cristo, darse cuenta de su situación de pecador, su necesidad de la salvación que le ofrece Cristo, y tomar la decisión de aceptarlo como Salvador y Señor de su vida.

Al respecto destacamos que no hay que forzar a la persona a tomar una decisión. Nuestra responsabilidad como maestros es *velar por la claridad del mensaje y posibilitar que el Espíritu Santo actúe en cada uno.*

Cuanto antes enseñemos verdades bíblicas a los niños, mayores son las posibilidades de una vida espiritual rica, lo cual favorece su conversión y compromiso con Cristo.

De acuerdo con lo que hemos visto hasta ahora, surge la importancia de planificar la tarea, evitando improvisaciones que sólo provocan desgaste de energías, confusiones y desperdicio de recursos.

Esto no significa desaprovechar oportunidades muy valiosas que se nos presenten en las clases; sino que, a través de la lectura de la Biblia, vemos que Dios planificó todo.

Nada dejó al azar. La creación fue producto de un plan perfecto. Dios, cuando finaliza su tarea, evalúa y queda satisfecho.

Y vio Dios que todo lo que había hecho estaba muy bien. (Génesis 1:31).

Después prepara todo para la llegada de Jesús, su nacimiento, ministerio, muerte redentora y resurrección gloriosa. Nada se realiza fuera de lo previsto por Dios. Se van cumpliendo los plazos, etapas y momentos establecidos por él.

Nosotros también creemos que es fundamental planificar. Por eso hemos estructurado este manual, tratando de responder a preguntas básicas relacionadas con la tarea del maestro, en cuanto a los fundamentos psicológicos, metodológicos y teológicos de esta tarea.

Las tres áreas principales que sirven como base, son las mismas que indicamos en la introducción:

⇨ ¿Qué es, y por qué planificar?

⇨ ¿Para quién planificar?

⇨ ¿Qué tener en cuenta cuando se planifican clases o encuentros bíblicos?

¿Para quién planificar?

En la introducción de este manual destacamos que las clases deben tener como centro al alumno. Decimos esto por lo que enseñó Jesús al respecto. Por una parte, consideró importante a los niños al decir "Dejad que vengan a mí, porque de los tales es el reino de los cielos". Y por otra parte, a cada persona que se le acercaba le brindaba sus enseñanzas, atendiendo a sus necesidades y su situación personal.

Como punto de partida, es fundamental que tratemos de definir cómo es nuestro alumno y cuáles son sus características . En primer lugar, nuestro alumno es: *Una persona con características y necesidades típicas de acuerdo con su edad*.

Veamos estos conceptos por separado.

Persona

⇨ Es un ser que posee un cuerpo, siente afectos, emociones, se relaciona con sus semejantes y con Dios.

⇨ Es un ser capaz de aprender, descubrir verdades y tomar decisiones.

⇨ Es un ser capaz de crear cosas, modificar el medio en que vive y a su vez recibir la influencia de ese medio.

⇨ Es un ser que necesita apoyo y estímulo para desarrollarse normalmente.

En la persona se integran armónicamente tres áreas, porque es:

```
UN SER BIO-PSICO-SOCIAL
```

El esquema ilustra estas relaciones.

La correcta integración de las esferas o áreas mencionadas (Bio-Psico-Social) posibilita el buen funcionamiento personal y una adecuada relación con su mundo.

En 1 Tesalonicenses 5:23, Pablo destaca el valor que da Dios a la persona y la importancia de velar por ella. Dice Pablo:

Que Dios mismo, el Dios de paz, los haga a ustedes perfectamente santos, y les conserve todo su ser, espíritu alma y cuerpo, sin defecto

Área psicológica
Afectos, sentimientos, inteligencia, voluntad espiritualidad

Área espiritual (relación con Dios)

Área biológica, física, corporal

Área social Relación con los demás

alguno, para la venida de nuestro Señor Jesucristo.

Vemos la necesidad de cuidar las tres áreas de la persona, poniendo en primer lugar lo espiritual, sin dejar de atender a las otras dos, porque es alrededor de lo cual deben girar las otras dos, ya que nuestra vida debe estar ordenada y configurada desde lo espiritual, lo cual se refleja en todas nuestras acciones.

Se debe tomar esto en cuenta cuando se planifica, porque es esencial favorecer y estimular una entrega total de la persona a Dios, de manera tal que el centro no sea el "yo", sino Dios mismo. Es decir, que se doblegue ante Dios y lo reconozca como Señor.

Esto posibilita el crecimiento y desarrollo espiritual de la persona, apoyado por la orientación de maestros, pastores y la acción del Espíritu Santo que vive en cada hijo de Dios. Un segundo esquema aclara este concepto.

Necesidades

> Necesidades son exigencias del ser humano que deben ser satisfechas para que se realice como persona.

Se distinguen necesidades:

⇨ Físicas

⇨ Socio emocionales

⇨ Intelectuales

⇨ Espirituales

⇨ Sexuales

La persona nace con necesidades que irán variando según la edad y circunstancias que le toque vivir. El cuadro lo aclara.

FISICAS	SOCIO-EMOCIONALES	INTELECTUALES-ESPIRITUALES	SEXUALES
Dar alimentación Dar abrigo Descargar energías	Dar estabilidad. Dar seguridad. Dar apoyo. Poner límite a su conducta. Ser importante para el otro. Ser aceptado Ser amado y amar Dar disciplina Establecer una relación con Dios y Jesüs	Recibir conocimientos acorde con su nivel de comprensión e intereses. Realizar actividades acorde con su capacidad. Reconocer a Dios como Padre y a Jesús como Salvador y Señor de su vida	Satisfacer la curiosidad natural sobre su sexualidad, acorde a su edad y referente a su desarrollo corporal y afectivo que acompañan a la vida sexual de la persona.

A continuación consignamos una síntesis del libro "Los niños y el reino" de Daniel Schipani, que facilita la comprensión de las características de las distintas edades, junto con sus necesidades que deben considerarse cuando se planifica la tarea.

5 años - Jardín de infantes

FÍSICO	SOCIAL	ESPIRITUAL	INTELECTUAL	SEXUAL
El niño puede correr, saltar, trepar. A esta edad aprende a brincar y a saltar por encima de otro. Crece aproximadamente 15 cms y gana unos 5 kg de peso. Puede vestirse solo, atar sus zapatos, cepillarse los dientes, abotonar su ropa. Gana habilidad para leer.	El niño aprende a relacionarse con otros fuera del hogar. A esta edad es muy importante la actividad con otros. Los niños deben aprender a dar y recibir en preparación para la vida. Le gusta estar en casa con la mamá o saber que ella está cerca.	Acepta el hecho de Dios como Creador y Padre amante. A veces confunde los nombres y las personas de Dios y Jesús. A veces le preocupa la idea de que Dios ve todo lo que él hace. Le gustan las historias de la Biblia. En general, le gusta estar en la clase de la escuela dominical.	Pensamiento concreto (no existe el pensamiento abstracto). Radio limitado de atención (5-10 minutos).	Generalmente el niño tiene curiosidad en cuanto a "de dónde vino". Hace muchas preguntas en cuanto a los bebés. Es curioso en cuanto a la diferencia entre varón y mujer. La unidad familiar es un buen comienzo para la información sexual básica, que debe progresar gradualmente en las edades sucesivas.

Implicaciones pedagógicas

El niño necesita experiencias directas, sensoriales, para estimular confianza y sentido de valor. Necesita enseñanzas con contenido simple de amor: historias, juegos, oraciones, dramas simples. No conviene concentrarse en un intento de cambiar sus "malas costumbres" (tengamos expectativas limitadas.).

6 años - 1° Grado

FÍSICO	SOCIAL	ESPIRITUAL	INTELECTUAL	SEXUAL
El niño continúa siendo muy inquieto. Mejora la coordinación. Puede dar volteretas. Comienza a perder los dientes de leche. Le es difícil sentarse quieto durante períodos largos de tiempo. Su lapso de atención es muy corto. Aprende a leer y tiene un concepto de los números.	A esta edad se debe hacer un ajuste social. El niño aprende a interrelacionarse con otros en mayor escala. Aprende gradualmente a controlar sus emociones y su conducta. Busca que los adultos aprueben sus acciones.	Está comenzando a desarrollar un sentido de valores. Dios es importante. Puede aceptar el hecho de que Dios lo ve, pero lo opuesto no es verdad. Espera que sus oraciones sean respondidas de manera literal e inmediata. Está listo para recibir más historias de la Biblia y le gusta la dramatización. Sus ideas son concretas, todavía no entiende lo abstracto.	Pensamiento concreto. Comienza a categorizar y clasificar. No puede moralizar y encontrar sentido en el mundo adulto. Discrimina lo "real" del mundo de la fantasia.	El concepto de la familia como unidad básica es de importancia continua. El niño no está interesado en los nuevos miembros de la familia, cómo han nacido, las diferencias de los sexos, etc., como ocurría en la edad del jardín de infantes. Le interesa el "cómo" de la reproducción. Hace preguntas acerca del apareamiento de los animales.

7 años - 2° Grado

FÍSICO	SOCIAL	ESPIRITUAL	INTELECTUAL	SEXUAL
El niño tiene aún mucha energía. Su coordinación sigue mejorando, de manera que ahora puede manejar las herramientas para escribir, dibujar, etc. Sigue teniendo un corto lapso de atención. Generalmente hace mucho ruido y es activo. El crecimiento es lento.	En esta edad, el niño necesita que lo ayuden a tener confianza en sí mismo como miembro de la sociedad. A menudo es soñador y extremadamente sensible a la aprobación o desaprobación de los demás. Le gusta competir con otros en juegos de equipo, pero siempre quiere ganar... es un mal perdedor.	Piensa mucho en cuanto a Dios y el cielo. Puede participar en discusiones en la clase, usando conceptos más abstractos. Los héroes de la Biblia le parecen muy reales. Le gustan las historias de la Biblia. Puede empezar a tomar decisiones en cuanto a las acciones de su vida.	Pensamiento concreto. Comienza a categorizar y clasificar. No puede moralizar y encontrar sentido en el mundo adulto. Discrimina lo "real" del mundo de la fantasía.	El niño de siete años comienza a crecer más firmemente desde el egocentrismo hacia ser un miembro de la comunidad, y esto viene acompañado por la capacidad de distinguir las diferencias sexuales. Frecuentemente se le puede ver tocando sus órganos sexuales. Le gusta ir con otros niños al cuarto de baño a reírse de las funciones orgánicas, y pueden tocarse unos a otros sus órganos genitales.

8 años - 3° Grado

FÍSICO	SOCIAL	ESPIRITUAL	INTELECTUAL	SEXUAL
Tienen la coordinación necesaria para poder andar sobre patines, aprender danzas folklóricas sencillas, etc. Crecen bastante en este año. Su lapso de atención se aumenta, de manera que puede trabajar durante períodos más largos	Los varones aprenden que es importante ser valiente en cualquier situación. El niño quiere aparentar que ya es mayor, y, sin embargo, depende de sus padres y maestros. Tiene mucha inclinación a ser dominante. Sus clubes son generalmente de su sexo. Comienza a verse a sí mismo como persona.	Su mundo se está expandiendo y se puede introducir el interés en las misiones. Tiene muchos interrogantes en cuanto a cosas que antes aceptaba por fe. Ahora puede leer solo su propia Biblia. Puede aceptar el amor perdonador en las experiencias de la clase.	Pensamiento concreto. Comienza a categorizar y clasificar. No puede moralizar y encontrar sentido en el mundo adulto. Discrimina lo "real" del mundo de la fantasía.	La modestia viene a ser muy importante en el niño. Las preguntas sexuales son menos frecuentes. En esta época ocurre un cambio en las glándulas sexuales, las hormonas del crecimiento se hacen más activas, mientras que las hormonas sexuales se aquietan. Los varones se interesan por los chistes "sucios" y las palabras vulgares. Es probable que pregunten en cuanto al papel del padre en la reproducción.

Implicaciones pedagógicas

Más interesado en lo que ocurre a su alrededor. Necesita ser tenido en cuenta como apoyo emocional. Puede participar en la adoración congregacional. Utilizar dramas, juegos en grupos y tareas en grupos, cuentos, historias.

9 años - 4° Grado

FÍSICO

El crecimiento va disminuyendo en los varones y, generalmente, hay una explosión de crecimiento en las niñas. La coordinación es excelente. En algunas niñas aparecen los senos y el vello púbico, aunque en la mayoría todavía no hay tal desarrollo.

SOCIAL

Los clubes y actividades en grupo son importantes. Cada club prefiere a los de su propio sexo. Estos grupos ayudan a formar buenos patrones de conducta. El entusiasmo corre más rápidamente que sus habilidades. Quiere ser como los de su grupo.

ESPIRITUAL

A esta edad el niño puede abarcar la historia de la Biblia. Le gustan los héroes, y puede ser motivado en gran manera hacia un carácter y acción cristianos, si tiene un maestro que lo conozca y aliente. Puede comprender el servicio a los demás, y también puede abarcar la idea de la iglesia universal.

INTELECTUAL

Conceptos concretos de espacio y tiempo. Categoriza y clasifica e integra información. Comienza a depender menos de la experiencia real. Empieza a mostrar habilidades abstractas, lentamente.

SEXUAL

Desde ahora hasta los trece años es un período de preparación para la adolescencia. El desarrollo sexual no es muy marcado. Las niñas pueden comenzar su menstruación. Puede ocurrir la discusión del sexo con los amigos.

10 años - 5° Grado

FÍSICO

Las niñas empiezan a pasar a los varones en estatura. Los juegos en equipo son más importantes ahora.

SOCIAL

Las niñas y los varones parecen no gustarse unos a otros durante el quinto y el sexto grados. Aparentemente su humor es sólo gracioso para los de su grupo. Las niñas tienen mejores amigas, a menudo muchas. Las relaciones con los demás son más íntimas que antes.

ESPIRITUAL

En esta edad el niño es responsable y puede discutir su fe cristiana. Puede continuar aprendiendo los hechos de la Biblia y aplicarlos a su propia vida. Puede comprender el significado de la mayordomía cristiana.

INTELECTUAL

Conceptos concretos de espacio y tiempo. Categoriza y clasifica e integra información. Comienza a depender menos de la experiencia real. Empieza a mostrar habilidades abstractas, lentamente.

SEXUAL

La mayoría están informados en cuanto a la menstruación. Algunos están interesados por conocer los detalles de la reproducción (niñas). Algunos han experimentado juegos sexuales normales. Han oído del acto sexual, les interesan los chistes "sucios". Muchos experimentan torrentes de curiosidad en cuanto al sexo.

11 años - 6° Grado

FÍSICO

El espíritu competitivo es muy fuerte. Los deportes en equipo son muy populares. En este año hay una diferencia bastante grande en el desarrollo físico de las niñas. La mayoría ha comenzado a mostrar el crecimiento de sus senos y ha alcanzado el 90 porciento de su estatura total. Los varones todavía no muestran madurez sexual.

SOCIAL

A esta altura están muy interesados en actividades de exploración y otras similares. Todavía están muy apegados a la familia, aunque en su conversación, aparentemente, menosprecian a la misma. Sus amigos siguen siendo del mismo sexo, y sus relaciones con los demás son más sentimentales y complicadas.

ESPIRITUAL

El niño de once años comienza a pensar en la ocupación de su vida, y se le puede animar a relacionar su fe con su elección vocacional. Responde a las actividades de grupos en la iglesia, y le agradan. Puede crear expresiones tangibles de su fe, y debe tener oportunidad para estas actividades creativas.

INTELECTUAL

Conceptos concretos de espacio y tiempo. Categoriza y clasifica e integra información. Comienza a depender menos de la experiencia real. Empieza a mostrar habilidades abstractas, lentamente.

SEXUAL

La mayoría de las niñas están informadas en cuanto a la reproducción y el acto sexual, aunque no sobre la base de los hechos, con conceptos biológicos más que de relaciones. La mayoría de los varones saben acerca de la masturbación, y han tenido alguna experiencia en ese sentido. Algunos experimentan erecciones provenientes de estímulos no eróticos.

Implicaciones pedagógicas

Responde a las actividades de grupos en la iglesia. Debe permitirse usar sus destrezas, intereses; reconocer sus logros, estimular exploración, preguntas y dudas sobre la fe junto a experiencias afectivas.

12, 13 y 14 años - 7° Grado

FISICO	SOCIAL	ESPIRITUAL	INTELECTUAL	SEXUAL
Las niñas maduran más rápidamente que los varones. Los varones, generalmente, maduran alrededor del noveno grado. Algunos varones de séptimo grado tienen vello púbico y experimentan el crecimiento de los genitales. Las niñas leen novelas románticas y sueñan, mientras que los varones se interesan más en los deportes y las actividades físicas. Los senos de las niñas comienzan a llenarse, se desarrolla el vello de las axilas y suele ocurrir la primera menstruación. La torpeza es común en esta etapa.	Los varones siguen interesados en las pandillas o actividades de grupo. Les gustan los deportes y salir de caza con otros niños. Ambos sexos están tratando de romper los lazos familiares. Los de octavo y noveno grados están más interesados en el sexo opuesto, hasta cierto punto.	En esta edad están comenzando a dominar el pensamiento abstracto, por lo que pueden participar en discusiones éticas. Comienzan a tener dudas y hacen preguntas en cuanto a la religión. Se les debe alentar en este sentido, y deben tener como guía a un maestro comprensivo y hábil. A veces piensan de Cristo como un hombre de coraje, que tuvo la valentía de morir en la cruz. Necesitan que se les guíe a aplicar este concepto de una manera personal, en sus propias vidas.	Usa la lógica concreta y la abstracta (necesita experiencias en el uso de conceptos abstractos y lógica deductiva). Operaciones formales. Posibilidad de introspección y construcción de ideales.	La educación sexual debe ser honesta y alcanzar su plenitud en cuanto a los hechos biológicos. Ahora comienzan a desarrollar con fuerza el aspecto de las relaciones. Los varones pueden experimentar emisiones de semen mientras duermen. La mayoría de las niñas habrán comenzado a menstruar. Los adolescentes se preguntan cómo usar sus capacidades sexuales, hacen bromas en cuanto a esto, y tratan de acariciarse cuando tienen una cita.

Implicaciones pedagógicas

Ayuda en interpretación de material bíblico y experiencias religiosas. Necesita héroes y heroínas en la definición de identidad como persona y como cristiano. Necesita de un grupo cristiano de apoyo y de un contexto de estudio (la Biblia, vida de Jesús). Estímulo a la exploración sobre la fe y la vida.

¿Qué es planificar?

Enseñar no es sólo instruir, es decir, transmitir conocimientos acerca de verdades bíblicas; es también posibilitar el nuevo nacimiento, crecimiento y desarrollo espiritual de la persona para que logre la semejanza con Cristo.

Enseñar, además de posibilitar la incorporación de conocimientos y valores que expresan la voluntad de Dios, también desarrolla criterios que permiten tomar decisiones adecuadas, aceptando la guía y orientación de Dios.

El maestro tiene una gran responsabilidad al conducir sus clases. Por lo tanto éstas no deben ser improvisadas, sino por el contrario, deben estar cuidadosamente planificadas de manera que faciliten su tarea y le posibiliten alcanzar las metas propuestas.

Las clases deben estar integradas dentro de un programa, el cual necesita ser planificado. De acuerdo con esto, conviene recordar el significado de algunos términos que son importantes, y que a veces nos cuesta definir.

Planificación

Planificar significa, literalmente, hacer la disposición general de una tarea (el arreglo, la distribución y el ordenamiento) que se desea realizar en un determinado tiempo. Cuando se planifica, se prevee, se selecciona, se organiza.

Porque:

Preveer es...	Seleccionar es...	Organizar es...
Analizar con anticipación todo lo que se desea realizar.	Establecer lo más importante y necesario, y qué se debe descatar.	Establecer relaciones entre todo lo que se propone realizar.

Cuando planificamos, debemos distinguir *tres momentos fundamentales.*

El primer momento

es donde nos planteamos lo siguiente:

⇨ ¿Dónde se desarrollarán las clases?

⇨ ¿Cuánto tiempo durarán?

⇨ ¿Cómo es el grupo que asistirá, cuáles son sus necesidades, características?

⇨ ¿Qué metas nos proponemos?

⇨ ¿Con qué recursos contamos en lo que se refiere a personal y materiales para dar las clases?

En este primer momento estamos haciendo un *diagnóstico*, es decir, un análisis previo relacionado con nuestras clases. Es fundamental porque nos permite ubicarnos correctamente y comenzar con el segundo momento.

El segundo momento

es donde nos planteamos qué incluiremos en nuestro programa de las clases bíblicas. Se debe incluir:

⇨ Principios y objetivos de la Educación Cristiana.

⇨ Organigrama de áreas de trabajo y organización de las clases.

⇨ Cronograma.

⇨ Planes de las clases.

El tercer momento

es donde redactamos nuestro programa. De esto hablaremos más adelante. Pero en síntesis, además de *preever, seleccionar y organizar,* realizamos la tarea de planificar en tres momentos fundamentales: *Diagnóstico, programación y redacción del programa.*

A veces no se valora la planificación como debe ser, pero es fundamental porque

Evita

• La rutina, la pérdida de tiempo, el desgaste de energías.

Posibilita

• Lograr buenos resultados.

• Sentirse tranquilos y satisfechos al realizar la tarea.

• Enfrentar sin dificultades los imprevistos que surgen.

• Evaluar al finalizar todo lo relacionado con la tarea propuesta.

Programa

Hemos visto qué realizamos cuando planificamos y señalamos los elementos que se deben tener en cuenta para la redacción de un programa. Veamos ahora al programa en sí.

Programa significa una redacción escrita donde se indican los pormenores de una tarea. Para redactar un programa es importante tener en cuenta lo siguiente:

⇨ ¿Cuáles son las características de un buen programa?

⇨ ¿Qué debe posibilitar el programa?

⇨ ¿Qué aspectos debe contemplar?

Características de un buen programa:

El programa debe ser:

• Actualizado

• Creativo

- Variado
- Dinámico
- Adaptado al grupo
- Producto de un trabajo de equipo

Además, debe:

⇨ Surgir de la oración y la guía de Dios.

⇨ Promover experiencias de apoyo mutuo (Romanos 12:5, 1 Corintios 12:26).

⇨ Estimular sentimientos de autoestima y aceptación de las diferencias individuales.

⇨ Estar de acuerdo con la realidad cotidiana del cristiano.

⇨ Posibilitar continuas evaluaciones y reprogramación.

⇨ Incluir actividades que posibiliten:

- Vivir experiencias importantes.
- Aprender a:
  Servir al Señor.
  Compartir en grupo.
  Servir al otro.
- Tomar decisiones importantes.

⇨ Estimular la creatividad del alumno.

Así mismo, antes de redactar el programa, se debe recordar que es necesario:

⇨ No descuidar la afectividad para favorecer el contacto con Dios.

⇨ Enseñar de modo ordenado y graduado lo que transmita o realice con el grupo.

⇨ Evitar favorecer sentimientos de culpa que lleven a provocar conductas inadecuadas.

⇨ Evitar la monotonía en las oraciones porque esto quitará el verdadero sentido al diálogo con Dios.

⇨ Destacar la muerte de Cristo como un acto de amor y perdón.

⇨ Estimular la adoración.

⇨ Favorecer el reconocimiento del Señorío de Cristo y de Dios en nuestras vidas.

Tres aspectos fundamentales:

El programa debe incluir estos tres aspectos:

- Verdades bíblicas.
- Vida de comunión.
- Vida de relación.

Las verdades bíblicas: Están relacionadas con la doctrina, y llevan al conocimiento de alguien que ama y espera a todo aquel que desea encontrarse con él. Posibilitan comprender que Dios es un Dios de amor y no sólo un juez que castiga y condena.

La vida de comunión: Una vez que conocemos a Dios y le aceptamos como Padre, luego de haber reconocido nuestra condición de pecador y haber hecho una entrega total a Cristo, surge una necesidad. Y ésta es la de hablarle para:

Adorarle.

Darle gracias.

Pedirle perdón, ayuda, por nuestras necesidades y las de los demás.

- La vida de comunión se estimula por medio de una conversación, gestos, actitud de respeto, espontaneidad, y no por medio de simples formulas rígidas y mecánicas.

- Y así como sentimos la necesidad de hablarle a Dios, surge la necesidad de comprender lo que nos desea enseñar por medio de su Palabra.

La vida de relación: Se refiere a nuestra vida de testimonio. Se debe enseñar a cumplir con los deberes morales como manifestación de la presencia de Dios en nuestra vida, y no por mera obligación.

- El testimonio surge como algo natural porque deseamos contar a otros lo que Cristo ha hecho en cada uno y tratar de que ellos disfruten también de la nueva vida.

Los elementos que no deben faltar en un *programa general de las clases bíblicas y los planes de clases* son los siguientes:

⇨ Principios, fin y objetivos de la Educación Cristiana.

⇨ Propósitos del equipo de trabajo.

⇨ Organigrama y cronograma de actividades.

⇨ Organización de las clases por edades.

⇨ Tema general para un año de trabajo.

Veamos estos elementos por separado para clarificar su significado.

Principios, objetivos, propósitos y fin:

Los *principios* son *verdades* de las cuales no nos debemos apartar porque dan orientación y permiten tomar decisiones.

Los principios a los cuales nos referimos son los siguientes:

⇨ Dios revela su poder, sabiduría y gloria por medio de la creación.

⇨ Dios revela su poder, gracia y amor a través de los cristianos.

⇨ Cristo es el Salvador y Señor de nuestra vida.

⇨ La Palabra de Dios es el fundamento indispensable para el crecimiento espiritual.

⇨ La iglesia, como comunidad de fe, es indispensable para crecer y capacitarnos para servir al Señor.

⇨ El aceptar a Cristo como Salvador y Señor se manifiesta en la vida personal y social.

⇨ El Reino de Dios es un nuevo orden de vida que incluye todas las cosas, promovido por Dios a través de la acción del Espíritu Santo.

Todo programa, además de estar orientado por principios, también necesita objetivos y propósitos claros.

Los *objetivos* son metas que deseamos lograr. Estas metas son los cambios que se deben operar en el alumno.

Los *propósitos* son todo lo que el maestro procura hacer para que se operen los cambios en el estudiante.

A continuación damos una demostración de la integración de *principios, objetivos y propósitos.*

Principio: Dios revela su poder, sabiduría y gloria por medio de la creación.
Objetivo: Interpretar el ambiente natural en relación a la experiencia cristiana.

Principio: Dios revela su poder, gracia y amor a través de los cristianos.
Objetivo: Adoptar un estilo de vida cristiana como hijos de Dios.

Principio: Cristo es el Salvador y Señor de nuestra vida.
Objetivos: Conocer el plan de salvación que Dios nos ofrece.
Aceptar a Cristo como Salvador y Señor.

Principio: La Palabra de Dios es el fundamento indispensable para el desarrollo espiritual.
Objetivos: Conocer los hechos y enseñanzas de la Biblia.
Interpretar los principios que encontramos en la Biblia como elementos fundamentales para orientar nuestro modo de actuar.

Principio: La iglesia como comunidad de fe es indispensable para crecer y capacitarnos para servir al Señor.
Objetivos: Conocer la doctrina fundamental.
Experimentar la comunión espiritual y práctica de los hijos de Dios.

Principio: La aceptación de Cristo como Salvador y Señor se manifiesta en la vida personal y social.
Objetivos: Crecer espiritualmente.
Testificar de su fe.
Velar por la situación de otros.

Principio: El reino de Dios es un nuevo orden de vida, que incluye todas las cosas, promovido por Dios a través de la acción del Espíritu Santo.
Objetivos: Reconocer el señorío de Dios.
Colaborar con Dios en su plan de redención y en la extensión de su reino.

A la luz de estos principios y objetivos, necesesitamos pensar en los *propósitos* del equipo de trabajo que los siguientes:
  ⇨ Estimular el desarrollo de la fe.
  ⇨ Satisfacer las necesidades espirituales de los alumnos.
  ⇨ Orar por los alumnos.
  ⇨ Orar para que Dios lo oriente en su tarea.
  ⇨ Preparar clases adaptadas al nivel del grupo de manera que facilite la comprensión del mensaje.

⇨ Estimular en forma adecuada la toma de decisión de los niños para no interferir en la acción del Espíritu Santo.

⇨ Posibilitar el nuevo nacimiento, crecimiento y madurez espiritual.

⇨ Estimular la oración y lectura diaria de la Biblia, como elementos fundamentales para lograr la madurez espiritual.

⇨ Integrar la familia a la iglesia, en el caso que no pertenezca a ella.

Hemos consignados algunos ejemplos de objetivos y propósitos, pero no son los únicos.

Los Principios, Objetivos y Propósitos posibilitan alcanzar una meta que se logra a largo plazo. Esta meta se llama FIN.

El fin de la acción educativa de la iglesia, se expresa en:

⇨ Colosenses 1:28: "...para presentarlos perfectos en Cristo."

⇨ Efesios 4:12, 13: "Así preparó a los suyos para un trabajo de servicio para hacer crecer el cuerpo de Cristo, hasta que todos lleguemos a estar unidos en la fe y en

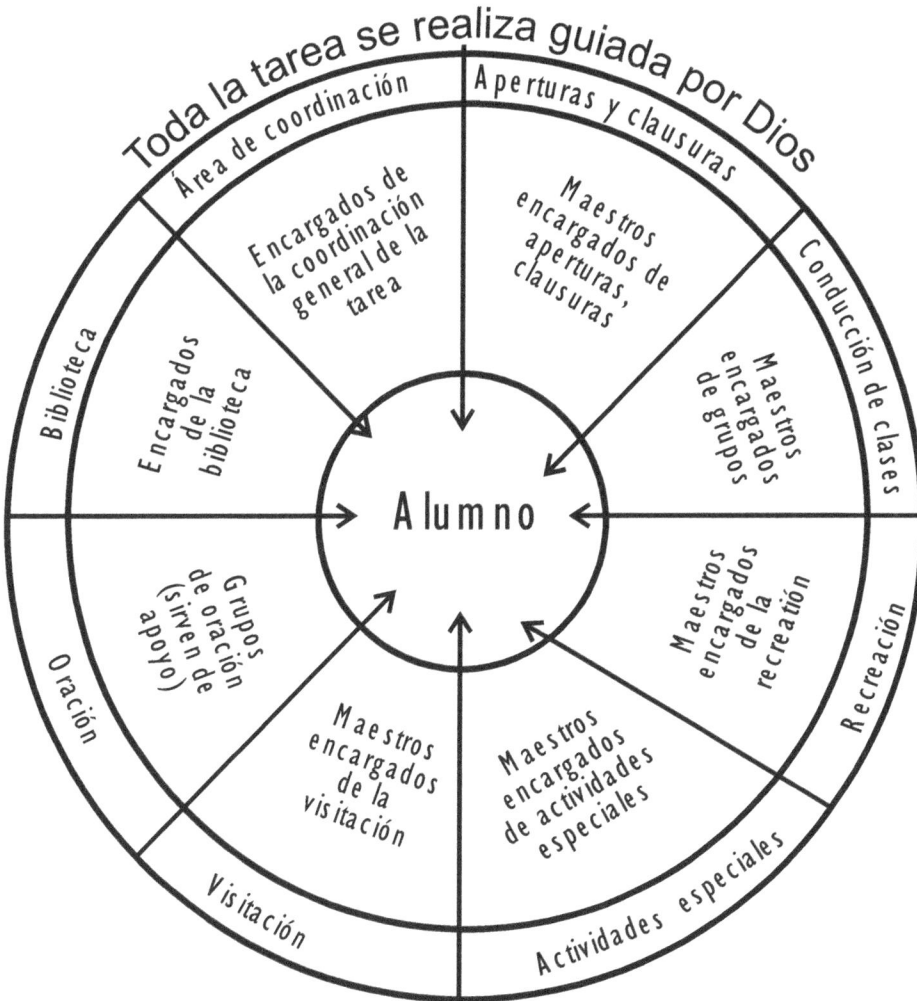

el conocimiento del Hijo de Dios. De ese modo alcanzaremos la madurez y el desarrollo que corresponde a la estatura perfecta de Cristo."

En síntesis, el fin es

Facilitar el desarrollo de un auténtico estilo de vida cristiana que proviene de la aceptación consciente de Cristo como Salvador y Señor, y el reconocimiento del Señorío de Dios, para alcanzar la madurez y el desarrollo que corresponden a la estatura perfecta de Cristo.

Organigrama de las áreas de trabajo (página anterior)

Organigrama significa: Representación gráfica de las áreas que se integran en la organización de la tarea que se desea realizar.

El organigrama permite visualizar y comprender cómo está organizada la tarea y posibilita, luego de evaluar su marcha, hacer las restructuraciones necesarias. También clarifica el papel que cumplirá cada miembro del equipo de trabajo y evita el desgaste de energía y la pérdida de tiempo.

El organigrama nos permite visualizar que la tarea está organizada en ocho áreas de trabajo:

⇨ Coordinación general.

⇨ Apertura y clausura de las clases.

⇨ Conducción de los alumnos en pequeños grupos.

⇨ Recreación.

⇨ Actividades especiales que se realizarán durante el año.

⇨ Visitación.

⇨ Grupo de oración ("tíos" de oración).

⇨ Biblioteca para el maestro.

Es esencial que alguien coordine toda la tarea y apoye al equipo de trabajo con sugerencias y supervisación. También es necesario realizar reuniones de equipo para clarificar los propósitos, actividades para el año, tema central, objetivos, distribución de la tarea, encargados de las reuniones y responsables de cada grupo.

Conviene preparar una buena promoción de las clases que se realice a través de visitas especiales al hogar, tarjetas de invitación y otras medidas adecuadas. Es esencial no descuidar la visitación a los hogares. Y a la vez conviene reunir a los padres para explicarles qué se realizará con los alumnos. En lo que se refiere a la visitación a los hogares, es importante conocer la vida familiar del niño por las siguientes razones:

⇨ nos permite explicar algunas conductas de los niños.

⇨ podemos apoyar a la familia de distintas maneras.

Es de mucho valor formar el grupo de "tíos" o "padrinos" de oración para cada clase bíblica, cuya función no es sólo apoyar a través de la oracin, sino también ayudar con la provisión de material didáctico.

Toda iglesia debe contar con una biblioteca para el maestro (ésta debe tener un encargado para ordenar el material que se utilizará).

Las personas que integran el equipo de trabajo tienen que reunir algunas características que mencionamos a continuación. Quién se comprometa con el ministerio educa-

tivo debe:
- ⇨ Tener una vida espiritual plena.
- ⇨ Asumir un compromiso real.
- ⇨ Ser responsable.
- ⇨ Poseer una sólida preparación bíblica, pedagógica y psicológica, que le permita:
  - Estar seguro hacia dónde dirigirá las clases.
  - Coordinar esfuerzos y colaborar para lograr objetivos.
  - Transmitir con claridad el mensaje.
- ⇨ Dominar metodologías que faciliten la orientación y guía de los alumnos para que sean ellos mismos los que conozcan verdades que les permiten tener un encuentro con Dios y descubrir qué quieren para su vida.

Tomar como modelo a Jesús, porqué él:
- ⇨ Poseía dominio propio.
- ⇨ Amaba sin prejuicios.
- ⇨ Perdonaba.
- ⇨ Permitía a sus discípulos equivocarse y corregía sus errores con amor.
- ⇨ Conocía muy bien a cada uno de sus discípulos y les brindaba lo que necesitaban.
- ⇨ Posibilitaba a sus discípulos poner en práctica lo que aprendían.
- ⇨ Se comprometió con su ministerio.
- ⇨ Obedeció a su Padre y lo glorificó.
- ⇨ Conocía la voluntad del Padre, porque mantenía una íntima relación con él.

El tipo de organigrama que presentamos (no es el único) es a modo de sugerencia como para clarificar el concepto. Se considera como centro de la tarea al alumno, ya que todo es programado para él, tratando de lograr su crecimiento, desarrollo y madurez espiritual.

Cronograma de acción

Todo organigrama debe estar acompañado por un cronograma. Cronograma significa: Una representación escrita de todas las actividades que se realizarán durante el año con referencia a las clases bíblicas. En el mismo se consigna:
- El mes.
- La actividad.
- Los objetivos de dicha actividad.
- Los responsables.

En la próxima página damos el ejemplo de un cronograma. Es sólo una sugerencia, y pueda modificarse según lo propuesto por el equipo de trabajo.

El cronograma posee gran valor porque permite:
- ⇨ Coordinar todas las actividades que se realizarán durante el año.
- ⇨ Deslindar responsabilidad en quién coordinará la actividad.
- ⇨ Evitar la superposición de actividades.
- ⇨ Organizar actividades creativas y variadas.

Actividad: Finalización de clases.
Objetivo: Organizar la fiesta de fin de año (actividades de integración)
Responsable: Coordinador del grupo

Actividad: Encuentro del equipo de trabajo.
Objetivo: Programar la tarea.
Responsable: Coordinador del equipo.

Actividad: Comienzo de clases.
Objetivos: Poner en marcha del programa.
Responsables: Todo el equipo.

Actividad: Organización de un campamento.
Objetivo: Programar un campamento.
Responsable: Coordinador del equipo.

Actividad: Reuniones de equipo.
Objetivo: Evaluar la actividad y reprogramar.
Responsable: Coordinador del equipo

Actividad: Fiesta de la familia.
Objetivo: Integrar a la familia y equipo de trabajo.
Responsable: Maestro, equipo de trabajo y tíos de oración.

Actividad: Visita especial a algún lugar.
Objetivo: Aplicar enseñanzas especiales.
Responsable: Todo el equipo.

Febrero

Marzo

Abril

Diciembre

Noviembre

CRONOGRAMA 1993

Mayo

Octubre

Junio

Setiembre

Julio

Agosto

Actividad: Festejo de la primavera.
Objetivo: Pasar un día diferente en contacto con la naturaleza.
Responsable: Coordinador del equipo.

Actividad: Festejos de cumpleaños
Objetivo: Homenajear a los que cumplen años desde enero a junio.
Responsable: Un maestro y equipo de trabajo.

Actividad: Fiesta de los abuelos.
Objetivo: Homenajear a los abuelos.
Responsable: Un maestro y el equipo.

Actividad: Curso o taller de capacitación del equipo de trabajo.
Objetivo: Actualizar al docente.
Responsable: Coordinador.

⇨ Evitar el desgaste de tiempo y energía.

⇨ Integrar a la familia en distintos tipos de actividades.

Distribución del grupo en clases

Es importante preveer la organización del grupo en grupos más pequeños porque:

⇨ Se atiende a las características consignadas en la página.

⇨ Se satisface las necesidades espirituales del grupo.

⇨ Favorece la comunicación entre maestro y alumno.

⇨ Facilita la tarea de visitación a los hogares cuando sea necesario (por ejemplo, cuando un niño no asiste más a la clase, se puede determinar si es por enfermedad u otra causa).

Se sugiere la siguiente organización.

Para escuela bíblica:

- Maternal = 2-3 años.
- Preescolar = 4-5 años.
- Escuela primaria = 6-8 años y 9-11 años
- Escuela secundaria = 12-14 años, 15-16 años y 17 años para arriba.

Para horas felices:

- Preescolar = 4-5 años.
- Escuela primaria = 6-8 años y 9-11 años.

Los planes de clases que integran el programa

Ya hemos pensado en la importancia de programar la tarea y cómo realizarla. Veamos ahora con más detalle los elementos que se integran en los planes de clase. Recuerde que son:

⇨ Objetivos de aprendizaje.

⇨ Contenidos.

⇨ Metodologías para orientar el aprendizaje.

⇨ Actividades de los alumnos.

⇨ Instrumento de evaluación.

⇨ Bibliografía consultada.

Objetivos de aprendizaje

Repetimos: "objetivo" es la meta que se desea lograr.

Cuando hablamos de objetivos en relación al *proceso de aprender,* decimos que *objetivo* es el cambio que se debe operar en el alumno, en su forma de pensar, de tomar decisiones y de actuar.

Algunas personas no aceptan redactar objetivos, porque consideran que es encasillar al maestro, que es muy difícil, o que es sinónimo de rigidez. Nosotros, basándonos en el modelo que nos dejó Jesús, el gran maestro, consideramos que es fundamental pensar en los cambios que deseamos que se operen en nuestros alumnos, y luego abocamos a organizar nuestras clases.

Jesús siempre tenía en cuenta qué deseaba lograr con sus enseñanzas, qué cambios era necesario que se dieran en las personas que lo seguían, y transmitía a cada uno lo que requería para su vida espiritual.

Es fundamental redactar los objetivos para cada clase, porque ellos:

⇨ Dan significado a la tarea.

⇨ Orientan al maestro y alumno.

⇨ Posibilitan lograr y evaluar resultados.

Cuando se redactan los objetivos se debe recordar que ellos son cambios de conducta que *logran* los alumnos a través del proceso de *aprender.* Estos cambios, reiteramos, *los logra* el que *aprende;* el maestro sólo lo orienta (apoyado por la acción del Espíritu Santo).

Los objetivos deben:

⇨ Ser *realistas* para que los alumnos los logren. Es necesario tener en cuenta la edad, características y necesidades espirituales de los alumnos.

- Por ejemplo, un niño de tres años no puede comprender que Jesús nació, murió y resucitó. Pero sí comprender que Jesús nació como él, y que tenía una mamá y un papá.

⇨ Ser *razonables en cantidad*. Incluir muchos objetivos, en lugar de orientar al maestro, lo confunden, y se siente desilusionado porque sus alumnos no los logran.

⇨ Ser *específicos*, es decir, referirse a conductas claras y concretas. Por ejemplo:
Ubicar el lugar donde nació Jesús.
Recordar el nombre de la mamá de Jesús.
Apreciar la importancia de ser obediente como Jesús.
Indicar cómo obedecer durante la semana a la mamá y al papá.

- Esto significa también que su redacción debe ser comprensible y precisa, y no ser extensa.

⇨ Contemplar las *tres áreas de la conducta* que menciamos, es decir:
Intelectual,
Socio-emocional,
Físico.

- Porque la persona constituye una totalidad. Por lo tanto, los cambios logrados se manifiestan en toda la persona en lo que se refiere a:
Conocimiento.
Valoraciones.
Ttoma de decisiones para actuar.

Veamos un ejemplo para clarificar esto.

⇨ Definir qué es pecado (conocimiento, área intelectual).
⇨ Ubicar en la Biblia pasajes que expliquen qué es el pecado (conocimiento, área intelectual).
⇨ Reconocer que somos pecadores (afectivo, área de las valoraciones).
⇨ Tomar la decisión de aceptar a Jesús como Salvador y Señor ((afectivo).

Estos objetivos contemplan:

⇨ Conocimientos que debe adquirir.
⇨ Destrezas que debe lograr.
⇨ Decisiones que debe tomar.
⇨ Acciones que realizará de acuerdo con ello.

Contenidos

Es importante seleccionar un tema general alrededor del cual se trabajará todo el año.

Los contenidos son los que se conocen con el nombre de temas que se desean enseñar y que integran un programa, y están relacionados con el tema general. Deben estar:

⇨ De acuerdo con los objetivos.
⇨ Graduados de acuerdo con el nivel de comprensión del grupo.

⇨ Orientados desde lo más simple a lo más complejo, de lo más cercano a lo más lejano.

⇨ De acuerdo con las actividades.

En base a la observación que el maestro realice de su grupo, deberá tener en cuenta las necesidades que presenta para la selección de contenidos. La organización de éstos tendrá que ser flexible, es decir, que permita reordenarlos en un momento determinado en función de las necesidades que presentan los alumnos.

Esta selección no implica un desconocimiento de la Biblia. Todo lo contrario, se adaptarán sus verdades a las necesidades (problemas, intereses) específicas del grupo, grabando su mensaje.

La selección de temas debe tener como material y elemento principal la Biblia, siendo complementado con literatura, historias y música cristiana, tratando de integrar todos estos aportes, pero nunca debe reemplazarla.

La Biblia debe ser utilizada en forma adecuada para que los alumnos aprecien su valor. No es un libro de texto cualquiera, sino que es el fundamento esencial para el desarrollo espiritual del cristiano. El alumno no sólo debe tener conocimientos bíblicos (como retener nombres, lugares, hechos, etc.), sino que debe aplicar los conocimientos a la formación de ideales cristianos.

Los contenidos que no están en la Biblia (una historia misionera) deben reunir ciertos requisitos para que sean útiles en la Educación Cristiana, según Betts y Hawthorne en *Method in Teaching Religion*.

Los materiales extra bíblicos deben tener un mensaje profundo y vitalmente cristiano, no basta con que sea interesante o hermoso, sino que es indispensable que responda a la finalidad de la Educación Cristiana.

En síntesis:

⇨ La Biblia es el material esencial de la Educación Cristiana.

⇨ La Biblia y los materiales auxiliares se utilizan para ayudar a los alumnos a conducirse como auténticos cristianos en la vida cotidiana, luego de haber tomado la decisión de aceptar a Cristo como Salvador y Señor.

⇨ Los contenidos deben escogerse teniendo en cuenta la edad, necesidades (morales, sociales y espirituales) e intereses del alumno.

⇨ Los contenidos deben estar de acuerdo con los objetivos que hemos seleccionado para la sesión de clase de una fecha determinada.

A continuacin presentamos un ejemplo.

Tema general para un año y subtemas que surgen

El ejemplo que ofrecemos es "el compromiso del cristiano". Este tema será trabajado a través de todo el período de clases. Se adaptará a las distintas edades y características de los grupos.

Objetivos generales

Que cada alumno llegue a ser un discípulo, un seguidor de Jesucristo, con todo lo que esto significa: pensar, sentir, actuar.

Unidad 1 - Naciendo en la vida cristiana

Objetivos: Reconocer que para ser un seguidor, un discípulo de Jesucristo, es necesario nacer en la familia de Dios y comenzar a aprender a vivir en Cristo.

☆ 9 de abril

Programa especial de iniciación de clases

☆ 16 de abril

a) *La vida sin Cristo*: Ver a quién pertenecíamos y cuál era nuestra condición, o bien a quién pertenecemos o cuál es nuestra condición. Estabamos muertos (diferencia entre muerte física, espiritual y eterna).

Pasajes sugeridos:

1 Juan 3:7-10	Juan 8:38-44
Gálatas 4:4-7	Efesios 2:1-7
2 Corintios 4:4	Romanos 5:10
Juan 8:34	

☆ 23 de abril

b) *Lo que hace Dios*: Nos compra, nos rescata, nos engendra una nueva vida, nos salva. Todo por obra de Jesús.

Pasajes sugeridos:

1 Pedro 1:18-21	1 Corintios 6:19-20
Juan 1:11-13	Tito 3:3-7

☆ 30 de abril

c) *¿Qué debo hacer?* (mi respuesta): Debo cambiar mi mente, mi vida y mi voluntad (arrepentimiento, conversión, obediencia).

Pasajes sugeridos:

Romanos 1:18-26	Lucas 15:11-32
Juan 1:11-13	1 Juan 5:11-13

☆ 7 de mayo

d) *Los resultados del nuevo nacimiento*: Somos justificados, somos templos del Espíritu Santo, somos nuevas personas (criaturas), somos santos. Dejar bien en claro que todo esto nos hace personas afortunadas y que todo viene de Dios.

Pasajes sugeridos:

Romanos 3:19-24	2 Corintios 5:17
1 Corintios 1:30	Romanos 5:1, 2
1 Corintios 6:19, 20	Juan 14:16, 17 y 26
Juan 3:3-8	1 Corintios 1:2
2 Corintios 1:1	1 Pedro 1:14-16

Unidad 2 - Aprendiendo a vivir con Jesús

Objetivos: Aprender a vivir con Jesús a través de la Palabra de Dios y la oración.

☆ 14 de mayo

a) *Mi relación con Dios* (comunión): Existe comunión cuando tenemos algo en común y participamos juntos de las cosas que tenemos en común.

Pasajes sugeridos:

Juan 15:1-6	Juan 14:21, 23
Marcos 3:14, 6:31	Lucas 22:15
Juan 4:23	Juan 17:3

Salmo 42:1, 2	Salmo 15
Marcos 1:35	Marcos 6:46, 47

☆ 21 de mayo

b) *El mensaje de Dios* (su Palabra): Cómo es, a qué se compara, qué efectos tiene en nuestra vida, etc. (*Nota:* es una introducción con otro objetivo, ya que en la unidad 4 se desarrolla el tema de la Palabra.) Dejar sentado la importancia que la Palabra de Dios tiene en la vida cristiana.

Pasajes sugeridos:

1 Pedro 1:22 1 2:3	2 Timoteo 3:14-17
1 Corintios 2:9-12	2 Pedro 1:21
Salmo 1:1-3	Efesios 6:17
Salmo 119	

☆ 28 de mayo

c) *¿Qué es la oración?*: Dar énfasis en que la oración es un resultado lógico de nuestra relación con Dios.

Pasajes sugeridos:

Juan 14:13 y 16:24	Hebreos 10:19-22
Lucas 18:9-14	Marcos 11:25, 26
Santiago 4:2, 3	

☆ 4 de junio

d) *¿Cómo orar?*: Partes de la oración: adoración, agradecimiento, confesión, petición, intercesión. Despertar inquietudes en los alumnos que los ayuden a expresar agradecimiento, adoración, petición, etc.

Pasajes sugeridos:

Salmo 117	Salmo 123
Hebreos 4:13	1 Juan 1:5-10
Colosenses 4:2; 3:16, 17; 1:9-14	
Filipenses 4:6, 7	

☆ 11 de junio

e) *Vivir con Dios* (todos los días y todo el día): El centro es Cristo. La Palabra y la oración nos mantendrán unidos a él.

Pasajes sugeridos:

Mateo 6:5-6	Marcos 1:35
Juan 13:17	

Unidad 3 - Los enemigos del cristiano

Objetivos: Conocer que hay peligros que vencer si queremos seguir a Jesús.

☆ 18 de junio

a) *¿Qué es el pecado?*: Dejar aclarado que el pecado es la enfermedad, una distorsión de la naturaleza del hombre. En síntesis, es una rebelión contra Dios que está dentro del hombre.

Pasajes sugeridos:

Marcos 7:21-23	Romanos 1:18-32
Isaías 1:2 y 53:6	Jeremías 2:13
Santiago 4:17	1 Juan 3:4 y 5:17

☆ 25 de junio

b) *El pecado y el cristiano*: La vida cristiana es una lucha y el pecado es un enemigo que necesitamos conocer para poder enfrentarlo.

Pasajes sugeridos:

1 Juan 1:8-10	Romanos 6:15-23
Santiago 1:12-15	1 Corintios 6:18 y 10:14
1 Timoteo 6:9-11	2 Timoteo 2:22

☆ 2 de julio

c) *Recursos para enfrentar el pecado*: Dios nos concede recursos para enfrentarlo de tal manera que no resulte un obstáculo permanente ni fatal.

Pasajes sugeridos:

Isaías 59:1, 2	1 Juan 1:5-7 y 2:1, 2
1 Timoteo 2:5	Hebreos 4:14-16

☆ 9 de julio

Feriado: se suspenden las clases

☆ 16 de julio

d) *Satanás*: Es una grave amenaza y debemos conocerlo. Tiene autoridad y poder, por lo que representa un verdadero peligro. Efesios 6:12-20 nos enseña las armas con las cuales se lo podrá enfrentar.

Pasajes sugeridos:

Mateo 4:3 y 9:34	Efesios 2:1, 2
1 Juan 2:14	2 Corintios 11:14
Lucas 8:12	2 Corintios 4:3, 4 y 11:3
Apocalipsis 12:9, 10	Juan 12:31
Hebreos 2:14, 15	1 Juan 4:4
Efesios 6:10-12	1 Pedro 5:8, 9

☆ 23 de julio

e) *El mundo como peligro*: Tener en cuenta las diferentes acepciones de la palabra "mundo" en la Biblia (mundo físico, mundo como humanidad y mundo como peligro.)

Pasajes sugeridos:

Juan 1:3	Colosenses 1:16
Génesis 1:31	1 Timoteo 4:3-5
Isaías 24:5, 6	Jeremías 12:4
Romanos 8:20-23	Juan 3:17; 3:19; 17:18
2 Corintios 5:19	Romanos 5:12
1 Juan 2:15-17 y 5:19	Romanos 5:12
1 Juan 5:4, 5	Santiago 3:13-18 y 4:4
Romanos 12:2	

Unidad 4 - Conociendo la Palabra de Dios

Objetivos: Reconocer que para ser un seguidor de Jesús es indispensable conocer, leer y estudiar la Biblia.

☆ 30 de julio

a) *Su significado, cómo se divide, cuántos libros contiene cada sección y de quién nos habla.*

Pasajes sugeridos:

Lucas 24:27   Juan 5:39
Hebreos 10:7

☆ 6 de agosto

Día del niño (programa especial)

☆ 13 de agosto

b) *Su mensaje*: Figuras que utiliza para describirse a sí misma y efecto que produce en nuestra vida.

Pasajes sugeridos:

Martillo (Jeremías 23:29)   *Fuego* (Jeremías 23:29)
Lámpara (Salmo 119:105)   *Espada* (Efesios 6:17)
Espejo (Santiago 1:23-25)

c) *Su contenido*: Sugerimos que de cada clasificación dada, se escoja un ejemplo para dar en clase (Por ejemplo, cuando se habla de libros históricos, una historia; cuando se habla de los salmos, un salmo, etc.)

☆ 20 de agosto

Libros históricos (Génesis a Ester)

☆ 27 de agosto

Libros poéticos (Job a Cantares)

☆ 3 de setiembre

Libros proféticos (Isaías a Malaquías)

☆ 10 de setiembre

Evangelios (Mateo a Juan)

☆ 17 de setiembre

Día del alumno (programa especial)

☆ 24 de setiembre

Historia de la iglesia (Los Hechos)

☆ 1 de octubre

Enseñanzas (Romanos a Judas)

☆ 8 de octubre

Ultimo libro de profecía (Apocalipsis)

Unidad 5 - Soy un discípulo

Objetivos: Poner en acción, no sólo el convencimiento, sino la voluntad (el hacer), que es lo que confirma a un verdadero discípulo de Jesucristo.

☆ 15 de octubre

a) *Características de un discípulo*: (de un cristiano maduro):

Pasaje sugerido:

Efesios 4:11-16

a) Está unido a sus hermanos (v. 13)
b) Conoce al Hijo de Dios (v. 13)
c) Está llegando a parecerse a Jesucristo (v. 13)
d) Sigue la verdad (la Palabra) (v. 15)
e) Ayuda a sus hermanos a crecer (v. 16)
Resumen práctico de lo visto en lecciones anteriores.

La comunión, la oración, la Palabra y el testimonio son aspectos fundamentales

La vida cristiana
Oración
Comunión **CRISTO** Testimonio
Palabra

para el verdadero discípulo.
☆ 22 de octubre

b) *Dos figuras con las que se compara el discípulo: soldado y atleta.*

Pasajes sugeridos:

2 Timoteo 2:3, 4   2 Corintios 10:3-6
Efesios 6:10-18   2 Timoteo 2:5 y 4:7, 8
1 Corintios 9:24-27

☆ 29 de octubre

c) *La iglesia:* Ámbito donde crezco como discípulo de Jesucristo. ¿Qué es la iglesia? ¿A qué se compara?
Famila, edificio, templo, cuerpo.

Pasajes sugeridos

Efesios 2:14-22
Efesios 1:22, 23
¿Qué espera Dios de cada uno de los integrantes de la iglesia? Efesios 4:15, 16

☆ 5 de noviembre

Clausura de temas que puedan haber quedado atrasados. Preparación para la finalización.
☆ 12 de noviembre

Preparación y ensayo para el acto de clausura.
☆ 19 de noviembre

Sigue lapreparación.
☆ 26 de noviembre

Sigue la preparación.
☆ 27 de noviembre

Acto de clausura en el horario de la reunión del domingo.

(Nota: Este ejemplo fue elaborado por la Iglesia Cristiana Evangélica de la calle Jujuy 270 de Villa María, Cba. Era un trabajo práctico coordinado por la autora de este manual.)

Recursos didácticos

Los recursos son los que utiliza el maestro para conducir sus clases. Se pueden diferenciar los siguientes recursos:

Metodologías-Técnicas
Actividades
Medios audiovisuales
Instrumentos de evaluación

Vamos a comenzar a examinar estos recursos en el capítulo siguiente.

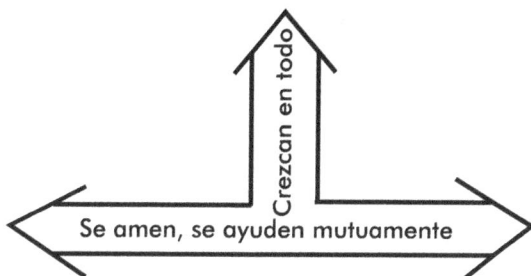

Metodología y técnicas de la enseñanza

Además de seleccionar objetivos y contenidos, el maestro debe determinar qué método utilizará para guiar a sus alumnos. Para orientarlos adecuadamente se requieren métodos claros y precisos.

"Método" es el camino a seguir para llegar a una meta; es lo que nos permite concretar los objetivos. Es todo lo que utiliza el maestro para guiar a sus alumnos en el aprendizaje.

El maestro utiliza *técnicas* que apoyan la tarea de orientar al grupo. La técnica es lo que se utiliza en un determinado momento de la clase.

Hay distintos tipos de métodos y técnicas. En el siguiente cuadro tratamos de incluir los que más se adaptan a las clases bíblicas, y luego los detallaremos para una mejor comprensión.

Metodologías	Técnicas

Según:
⇨ Cómo funciona nuestro pensamiento para elaborar conclusiones.
   • Inducción - Deducción
⇨ Cómo funciona nuestro pensamiento para resolver situaciones problemáticas.
   • Hipotético - Deductivo
⇨ La relación maestro-alumno:
   • Pasivos
   • Activos
   • Trabajo con guías orientadoras en pequeños grupos.
	⇨ Exposición
	⇨ Diálogo
	⇨ Memorización
	⇨ Narración
	⇨ Técnicas grupales
	   • ¿Quién eres?
	   • ¿Qué me gustó más cuando te conocí?
	⇨ Lluvia de ideas
	⇨ Dramatización
	⇨ Philips 66
	⇨ Pequeño grupo de discusión
	⇨ Investigación
	⇨ Discusión

Métodos

Inductivo o deductivo

Estos se clasifican teniendo en cuenta cómo funciona nuestro pensamiento para elaborar conclusiones. Hay dos formas básicas con las que trabaja nuestro pensamiento.

1) Analizando casos particulares para elaborar una regla general.

2) Partiendo de una regla general para analizar casos particulares.

Por ejemplo, analizamos todo lo que Dios creó y llegamos a la conclusión: "Dios es creador de todo". O de otra forma, partimos de esta regla: "Dios es creador de todo", para luego analizar todo lo que Dios creó.

En el primer caso utilizamos la *inducción*, y en el segundo caso la *deducción*.

Hipotético deductivo

Una manera de resolver situaciones.

⇨ Elaboramos una hipótesis, algo que debemos resolver, y trabajamos en función de ella.

⇨ Por ejemplo: "Dios creó primero... porque era necesario para..."

⇨ Luego investigamos todo acerca de esta hipótesis para llegar a demostrarla, o rechazarla. Si se rechaza nuestra hipótesis, continuamos investigando hasta demostrarla.

⇨ Luego se comparten y se discuten las conclusiones en el grupo. Este método es importante, en que ayuda a fortalecernos por lo que creemos y por qué lo creemos.

Relación maestro-alumno

Es importante tomar en cuenta la participación de los alumnos en el desarrollo de la clase. Puede haber dos casos:

⇨ El maestro sólo expone y desarrolla un tema. El alumno sólo escucha o responde cuando el maestro se lo solicita.

⇨ El alumno participa activamente de diferentes maneras: aporta ideas, sugerencias, descubre verdades, datos, etc. con la guía de su maestro.

El segundo caso, por muchas razones, estimula mejor el aprendizaje.

Trabajo en pequeños grupos con guías orientadoras

Uno de los métodos más adecuados para adolescentes, jóvenes o adultos es el estudio en grupo con guías. En este caso, el maestro sólo guía, orienta, velando que el alumno llegue a conclusiones.

⇨ Se divide al grupo en pequeños grupos de cinco personas para que trabajen.

⇨ Las guías contienen preguntas que orientan a los alumnos en la lectura de la Biblia, u otro material bibliográfico.

⇨ Luego cada grupo comparte sus conclusiones, y el maestro hace una integración.

⇨ Las guías deben ser claras, precisas, y las preguntas deben posibilitar la reflexión y ayudar al alumno a descubrir en forma personal las verdades bíblicas.

⇨ El maestro es orientador. No debe exponer a los alumnos sus ideas. Su tarea es facilitar el descubrimiento de enseñanzas que sean importantes para sus vidas.

Resumiendo, decimos que el método:

⇨ Es el camino para llegar a una meta. Es todo lo que utiliza el maestro para guiar a su grupo.

⇨ Debe posibilitar el logro de los objetivos.

⇨ Debe responder a los principios fundamentales establecidos por Jesús.

⇨ Debe permitir que el alumno participe activamente y descubra verdades en forma personal.

⇨ Debe posibilitar la aplicación práctica de lo aprendido en situaciones diarias.

Es importante variar los métodos utilizados para evitar la rutina. Aunque deben estar de acuerdo con el tema a desarrollar.

Técnicas de enseñanza

El método es respaldado por la técnica. El método es más general que la técnica. *El método es el camino a seguir; la técnica es la forma de seguir ese camino.* Es lo que se utiliza en un determinado momento.

Por ejemplo, si deseo enseñar a utilizar la Biblia, el camino que elijo es el *activo* (participación activa de los alumnos). Para recorrer este camino utilizaré las siguientes técnicas:

⇨ Diálogo sobre la importancia de la Biblia.

⇨ Esgrima bíblico.

⇨ Narración de historias bíblicas.

A continuación detallaremos las técnicas presentadas en el cuadro anterior.

Exposición

La *exposición* consiste en la presentación de datos, conocimientos y acontecimientos acompañados por una explicación. Se utiliza para transmitir los conocimientos que el alumno no puede descubrir por sí mismo.

Hay que evitar el abuso de la exposición, porque lleva a la rutina. Para que sea eficaz se debe tener en cuenta:

⇨ La edad de los alumnos.

⇨ Que sea interesante.

⇨ Que la clase no es una mera conferencia, sino el encuentro personal del maestro con sus alumnos.

Diálogo

El *diálogo* está basado sobre preguntas. Se orienta al alumno para que halle por sí mismo el conocimiento. El conocimiento o lo que se desea transmitir es adquirido por el propio alumno y expresado en sus propias palabras.

Para utilizar esta técnica se debe tener en cuenta los siguientes requisitos. Las preguntas deben:

⇨ ser simples y contemplar un solo aspecto o cuestión, y no varios a la vez.

⇨ ser graduadas, de acuerdo con a la edad y nivel de comprensión de los alumnos.

⇨ requerir una sola respuesta, evitando los monosílabos.

⇨ incluir el menor número de palabras en su presentación.

⇨ ser claras y precisas.

⇨ estimular la reflexión (plantear una cuestión sin sugerir la respuesta).

Memorización

En cuanto a la *memorización* surgen opiniones opuestas. Están quienes sostienen que es lo más importante, y otros la rechazan por completo. Los dos extremos son negativos, ya que se le debe dar el lugar que corresponde.

La memorización posee valor en cuanto apoya al aprendizaje, ayuda a fijar conceptos, a expresar comprensión de textos y verdades que se requiere en determinadas situaciones. Pero de ninguna manera debe reemplazar el aprendizaje de tipo reflexivo y comprensivo.

Para que esta técnica sea efectiva debe reunir los siguientes requisitos: El material que se utiliza debe ser claro, sencillo y estar de acuerdo con la edad de los niños y su nivel de comprensión. El contenido del material debe ser importante para el niño, debe seleccionarse relacionándolo con un objetivo determinado, y lo que se memoriza debe ser aplicable a una situación concreta.

La mera repetición, monótona y mecánica, no es suficiente para que se dé el aprendizaje. El tiempo dedicado a la memorización no debe ser largo. El texto que se desee memorizar debe ser corto, y estar relacionado con una situación concreta. Los términos que se emplean deben ser comprensibles para los alumnos.

Narración

La *narración* es una de las técnicas más importantes y efectivas para transmitir enseñanzas. Jesús fue un narrador por excelencia. Si leemos con detenimiento sus parábolas, encontraremos ejemplos excepcionales de la forma de narrar. La narración es imprescindible para la transmisión de historias.

Sus ventajas son:

⇨ Apela a las características de la naturaleza humana.

⇨ Es interesante (atrae el interés y atención del grupo).

⇨ Personifica y pone en movimiento verdades.

⇨ Lleva en sí una lección y aplicación práctica.

⇨ Ofrece un incentivo para la repetición y persistencia de la verdad que encierre.

⇨ Produce satisfacción y placer.

Los requisitos para la narración son:

⇨ El que narra debe conocer muy bien la historia, relato y personajes, para poder identificarse con los mismos.

⇨ El relato debe ser apropiado, tanto en el vocabulario como en el argumento, a la edad, nivel e intereses de los alumnos.

⇨ El relato debe tener bien claros los objetivos: o es para informar datos, o para estimular cambios de actitud, o para entretener.

⇨ El relato debe tener un principio interesante y una terminación que impacte.

Toda narración debe poseer tres partes fundamentales, cada una de ellas posee su valor. Si se las descuida puede fracasar la narración. Son la introducción, desarrollo y la conclusión.

Introducción. Se presenta al personaje principal y se da una idea vaga del relato. Debe ser breve.

Desarrollo. El relato cobra acción y suspenso. Se llega a un climax y se prepara el camino para el final de la historia.

Conclusión o desenlace: Se descarga la tensión, se resuelve la situación presentada y aquí se espera una respuesta.

La narración debe estimular la participación de todo el grupo. Para narrar la historia o un relato es necesario:

⇨ Dirigirse a cada alumno mirándolo, para acentar que el maestro se lo cuenta en forma personal.

⇨ Utilizar lenguaje, tono de voz, gestos, sonidos adecuados a lo que se narra.

⇨ Cambiar de tono cuando habla Jesús (en lugar de decir "Jesús dijo").

Técnicas grupales

Todo grupo, para poder funcionar adecuadamente, requiere que se haya creado un clima de confianza y camaradería entre los integrantes. Para que se dé esto, sugerimos utilizar algunas técnicas especiales. Damos ejemplos de algunas.

¿Quién eres?

Sirve cuando hay varios integrantes que no se conocen.

Se subdivide el grupo en parejas. Para ello se puede entregar rompecabezas de figuras geométricas de colores, flores, etc. para que los integrantes de las parejas se busquen, tratando que no se conozcan entre ellos.

Una vez formados los grupos, se les da una consigna con las preguntas que deben hacerse y contestar mutuamente. Por ejemplo, nombre, edad, escuela a la que asisten, número de hermanos, a qué les gusta jugar, etc.

Luego cada pareja cuenta a las otras quiénes son y qué cosas se contaron.

Si es muy numeroso el grupo, se puede variar formando cuartetos.

El objetivo de esta técnica es que los integrantes se conozcan .

¿Qué me gustó más cuando te conocí?

El grupo ya debe conocerse un poco, porque si no, no se puede compartir información acerca del otro.

Se divide el grupo en pequeños subgrupos. Se puede utilizar el sistema de "rompecabezas", como lo mencionamos arriba.

Luego cada uno dice qué le gustó más del compañero cuando lo conoció. Después de un tiempo prudencial, se comenta el trabajo realizado.

El objetivo de esta técnica es que se dé la identificación y mutuo conocimiento, lo cual lleva a generar una corriente de simpatía entre los miembros.

Lluvia de ideas

Esta técnica es muy útil para comenzar a desarrollar un tema o resolver una situación problemática.

Consiste en lo siguiente: Dejar expresar en libertad lo que piensan acerca de un determinado tema o situación. Se anotan las respuestas y luego sobre la base de ello se seleccionan subtemas, con los cuales se trabaja para desarrollar el tema o resolver la situación.

Por ejemplo, se pregunta: "¿Qué es amar?", luego se anotan todas las respuestas. Se comienza a ver qué ha predominado en las respuestas, y se trabaja con ese material obtenido.

Es muy adecuado para establecer un clima de cordialidad. Surgen buenas ideas y participa todo el grupo. Se debe:
- ⇨ Presentar las reglas de la tarea.
- ⇨ Designar quién anotará las respuestas.
- ⇨ Velar por un clima de cordialidad.
- ⇨ Evitar que hable más de una persona por vez.
- ⇨ Cuando finaliza el tiempo, el maestro hace un resumen y, junto con el grupo, llega a conclusiones.

Phillips 66

Se subdivide al grupo en grupos de 6 personas para que respondan, luego de discutir durante 6 minutos acerca de un tema determinado (se puede ortogar un poco más de tiempo).

Primero, luego de explicar lo que se realizará, se anuncia el tema a tratar. Se forman los grupos, y se designa un coordinador para cada grupo que anota las conclusiones.

Luego, cuando el tiempo terminó, se reúnen a los grupos para que cuenten sus conclusiones. Se hace una síntesis de las conclusiones.

Por último, el maestro puede ofrecer su conclusión, integrando los resultados y profundizando en el tema.

Objetivos: Facilitar la participación de un grupo numeroso. Detectar los intereses, opiniones y problemas de un grupo grande.

Dramatización

Consiste en representar una situación real utilizando gestos, movimientos, palabras, para mostrar determinados aspectos de un tema a tratar. Se utiliza para incentivar al grupo para buscar posibilidades de acción frente a una situación.

Es importante, porque crea un ambiente agradable. Puede utilizarse para *inciar* un tema, o como s*íntesis* integrada de un tema desarrollado.

Lo importante es determinar bien el objetivo para el cual se utiliza. Se debe definir bien la situación a tratar:
- ⇨ Personajes de la obra.
- ⇨ Quiénes los representan (intérpretes).
- ⇨ Argumento a utilizar.

⇨ Ensayos que se realizarán.

⇨ Música, vestuario, escenografía, etc.

Se puede iniciar con una breve explicación de lo que realizará el grupo de actores. Luego se dialoga con el resto del grupo acerca de la representación y se hace una síntesis final. Es útil para representar:

⇨ Historias bíblicas.

⇨ Historia misioneras.

⇨ Situaciones cotidianas de la vida cristiana.

Objetivos: Integrar conocimientos, favorecer la integración entre los miembros del grupo, estimular la creatividad de los alumnos.

Pequeños grupos de discusión

Es una técnica en la que un grupo de alumnos, de cuatro a seis miembros, se reúnen para tratar o discutir un tema. Lo hacen en una manera informal y con la guía de un conductor, en función de determinados objetivos centrales que se quieren lograr. El papel de conductor puede ser desempeñado por los distintos alumnos en forma rotativa.

Objetivos: Analizar un tema desde distintos puntos de vista, provocar interés por un tema y crear en el grupo una atmósfera informal y de libertad de expresión.

Investigación

Esta técnica consiste en revisar bibliografías, obteniendo información sobre un tema determinado.

El maestro puede proporcionar una guía de investigación a los fines de organizar la tarea, o permitir que los alumnos seleccionen los puntos de este tema que consideren importantes desarrollar.

Discusión

"La discusión —en el sentido de diálogo— puede tomar varias formas: grupos pequeños, panel (mesa redonda) de toda la clase. La discusión sirve para aclarar conceptos no entendidos, para responder a preguntas o para resolver problemas, como también para compartir otros puntos de vista.

La discusión requiere pocas directrices, pero el líder juega un papel importante (hay que ser director y no instructor). Los maestros tienen que asegurar que todos participen, que aún las contribuciones incorrectas o sin mucho sentido sean aceptadas sin mostrar sorpresa. El *proceso* tiene tanto valor como la *solución* del problema. Los argumentos y diferencias de opinión pueden servir para entender mejor varios puntos de vista aun cuando no haya consenso.

Aunque las técnicas de grupos son más apropiadas para las clases de adultos, los pre-adolescentes son capaces de investigar y desarrollar temas en grupos con mucho provecho si se les dan temas que les interesen y se les ayuda en la organización.

En síntesis

Las técnicas deben estar adecuadas a los objetivos, al contenido (temas) y nivel de comprensión de los alumnos. Deben aclarar la situación espiritual del alumno, y llevarlo a tomar una decisión. Deben ser seleccionadas adecuadamente, porque a veces equivalen más a "trucos de venta" que a una guía para orientar al niño en su búsqueda espiritual. Presentamos el plan de salvación como si fuera una receta de cocina.

Hay que evitar esa terminología teológica estereotipada que a veces no es inteligible y el niño la mal entiende: "Entrega tu corazón a Cristo, él te limpiará el corazón; antes estaba negro, ahora está limpio, ¡blanco!. Déjalo entrar en tu corazón." Es indispensable emplear el vocabulario que esté de acuerdo con el nivel de comprensión de los niños. No se debe forzar la toma de decisiones. Debemos recordar que el Espíritu Santo obra en cada persona y le ayuda a comprender su situación de pecador y la necesidad de salvación.

En conclusión: Para seleccionar las técnicas es necesario considerar la edad del alumno, sus diferencias individuales, y sobre todo, orar para que el Espíritu Santo actúe permitiendo la revelación de Dios en cada uno, de manera que se dé el nuevo nacimiento y la transformación.

Debemos recordar que los métodos y técnicas de ninguna manera reemplazan la acción del Espiritu Santo; sólo la apoyan. A veces, por ansiedad, tiempo, etc. interferimos dicha acción, lo cual debemos evitar porque seremos responsables por ello.

Actividades

Después de seleccionar los temas o contenidos, hay que determinar qué actividades realizarán los alumnos. Estas actividades van a respaldar el aprendizaje, ya que el alumno necesita satisfacer su necesidad natural de participar, es decir, de hacer cosas.

Las actividades son un medio para lograr los cambios que buscamos en el alumno, y a la vez los ponen en manifiesto. Las actividades estimulan cambios en el alumno en tres áreas:

⇨ *Psicológica* (interpretar, analizar y resolver situaciones)

⇨ *Física* (habilidades y destrezas)

⇨ *Social* (interacción con otras personas, dentro y fuera del grupo)

Para que las actividades sean eficaces, deben:

⇨ Estar de acuerdo con lo que se desea enseñar.

⇨ Permitir afinar y aplicar lo aprendido.

⇨ Ser adecuadas a la edad y el nivel de comprensión de los alumnos.

⇨ Responder a las necesidades naturales del alumno.

⇨ Ser orientadas por el maestro.

⇨ Estimular la creatividad.

⇨ Expresar ideas y experiencias en relación con lo enseñado.

⇨ Tender a la socialización del grupo.

⇨ Evaluar la evolución de los alumnos.

Tipos de actividades

Hay distintos tipos de actividades. A continuación señalaremos las más adecuadas para Horas Felices o clases de la Escuela Bíblica.

Parquetry: Se hace con papeles traozados con la mano o cortados con la tijera, para componer una situación o dibujar algo determinado.

Modelado: Se hace con masa de sal. Es muy útil porque estimula la creatividad. Se trabaja con la siguiente masa, la cual se da a los alumnos para modelar lo que deseen acerca de lo que aprendieron.

Mezclar:
1 taza de agua hirviendo
1 taza de sal
1 taza de aceite
gotitas de formol

Volcar la mezcla anterior en tres tazas de harina. Amasar bien. Agregar témpera de diferentes colores. Guardar en bolsas de nylon en el mayor frío posible.

Dáctilo-pintura: Esto también estimula la creatividad y libre expresión. Se prepara la pintura de la siguiente manera:

Mezclar:
> 1 taza de agua
> 5 cucharaditas de maizena
> 1 cucharadita de detergente

Calentar la mezcla a punto de ebullición y agregar témpera con color. Mojar un papel grueso y dar la mezcla (fría) a los niños para que se expresen creando diseños con sus dedos.

Collage: Se utilizan distintos elementos para trabajar en un tema determinado (Como por ejemplo: fideos, yerba, papeles, botones u otros elementos.)

Frisos: Se realizan para integrar un tema desarrollado, o para adornar las aulas o salas. Para hacerlos se utilizan papeles de colores o témperas y otras pinturas. Se puede, por ejemplo, realizar una representación de la creación.

Crucigramas: En una hoja cuadriculada se escribe una palabra clave del tema, y se

				O	B	E	D	E	C	I	A		
D	E	S	O	**B**	E	D	E	C	E	R			
			T	**E**	M	P	L	O					
			D	I	O	S							
			L	**E**	Y								
		D	O	**C**	T	O	R	E	S				
			J	**E**	R	U	S	A	L	E	N		
			P	**R**	E	O	C	U	P	A	D	O	S

1 - ¿Qué hacía Jesús cuando los padres le encargaban algo?
2 - ¿Qué no debemos hacer nosotros cuando nos indican algo?
3 - ¿Dónde encontraron los padres a Jesús?
4 - ¿La casa de quién es el templo?
5 - ¿Qué enseñaban los doctores?
6 - ¿Con quién encontraron los padres a Jesús en el templo?
7 - ¿En qué ciudad estaba el templo que fue Jesús?
8 - ¿Cómo estaban los padres de Jesús cuando no lo encontraron?

responden preguntas que contemplan aspectos básicos de la lección.

El ejemplo que damos es del tema "Jesús, un niño como yo". Jesús obedecía a sus padres, y yo debo ser obediente.

El crucigrama puede utilizarse, según la edad, en forma individual o colectiva. Es decir, si los niños saben leer y escribir muy bien, lo responde primero cada uno y luego se controla con todo el grupo. Si los niños cursan los primeros grados (1 a 3), se puede responder en forma oral con la orientación del maestro, quien ha preparado un crucigrama grande en cartulina para que todos lo vean sin dificultad. Esta actividad permite evaluar los resultados e interés de los niños.

Sopa de letras: En una hoja que se entrega a los alumnos, se escriben letras, mezcladas, con las cuales se pueden formar palabras importantes relacionadas con un tema. Como en el ejemplo, el niño debe buscar palabras claves.

Redacciones sobre un tema determinado: Se inicia con frases motivadoras, como por ejemplo:

        Si yo fuera Daniel...
        Jesús es...
        Una iglesia...

Esgrima o espadeo bíblico: Consiste en que los niños busquen versículos en la Biblia. Se lee el contenido de un versículo o pasaje, y los alumnos tienen que nombrar el libro con su capítulo y

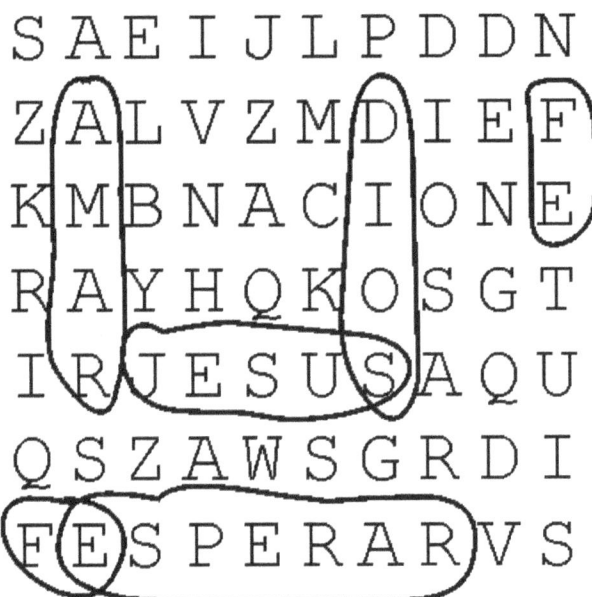

```
S A E I J L P D D N
Z A L V Z M D I E F
K M B N A C I O N E
R A Y H Q K O S G T
I R J E S U S A Q U
Q S Z A W S G R D I
F E S P E R A R V S
```

versículo. O al revés: se les da el versículo, capítulo y nombre del libro, y ellos tienen que buscarlo y leerlo. El que se pone de pie primero y lo hace correctamente gana. El maestro normalmente decide, pero si son muchos, conviene tener un jurado.

Es muy útil para incentivar la memorización de los nombres y ubicación de los libros de la Biblia.

Descubrir personajes bíblicos: Se representa un personaje con mímicas y los niños deben descubrir quién es. Es útil para recordar personajes bíblicos, misioneros y pastores de la iglesia. Se utiliza luego de haber estudiado varios personajes como integración.

Realización de maquetas: Se construyen utilizando distintos elementos (cajas, cartones, témperas, papeles de color y otros elementos). Se utiliza como actividad integradora.

Medios audiovisuales

La conducción de las clases debe ser respaldada por medios audiovisuales, porque todo se aprende con mayor facilidad, según el cono de Dale, si se apoya con una imagen donde hay combinación de color, forma, etc.

Una manera de demostrarlo ha sido con la ilustración del cono. Según sea la participación del alumno y el tipo de estimulación, se facilitará el proceso de aprender, desde menos (1) hasta mayor (8) aprendizaje.

En síntesis, se aprende más participando activamente (haciendo) que simplemente escuchando.

1 - Palabras, símbolos visuales.
2 - Imagen fija.
3 - T.V., escuchar.
4 - Exposiciones, guiada.
5 - Visita.
6 - Dramatización, participan en una representación o relato.
7 - Experimentación, representar un fenómeno, por ejemplo, un eclipse.
8 - Experiencia directa.

El cono de Dale

Se debe combinar con equilibrio: hacer, escuchar y mirar. Porque la vista y el oído separados son insuficientes; hay que utilizarlos juntos.

Los medios audiovisuales respaldan al aprendizaje de aquello que no se puede vivenciar en forma directa. Son efectivos porque trabajan en forma conjunta sobre la visión, audición y acción.

Tipos de medios audiovisuales

Se pueden distinguir los siguientes medios audiovisuales:

⇨ Auditivos: discos, música, canciones.

⇨ Visuales: proyectables, como diapositivas. No proyectables, como láminas, frisos, murales.

⇨ Artesanales: franelógrafo, pizarra magnética, rotafolio.

⇨ De laboratorio: proyector, video casetera, grabador, toca discos, piano, guitarra, etc.

Por "artesanía" queremos decir todo aquello que puede realizar el maestro, y por "laboratorio" todo lo que se adquiere en casa de comercio.

Los medios audiovisuales deben ser seleccionados de acuerdo con los otros elementos del planeamiento para ser efectivos. Además, es necesario tener en cuenta la edad y el nivel de grupo (este punto lo analizamos en el manual para cada edad). Los diferentes medios son:

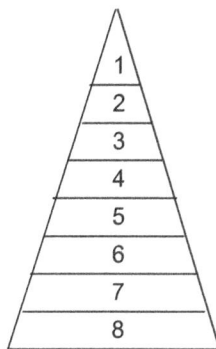

Pizarras y carteleras: Sirven para anotar frases sencillas, dibujos, escribir palabras difíciles, realizar esquemas, trayectos, etc. Las carteleras con bolsillos sirven para introducir palabras nuevas, textos, etc.

Láminas y frisos: Vale más una buena imagen que cien palabras. La lámina explica, incentiva, ayuda a retener la enseñanza. Para ser efectiva, debe ser adecuada al tema, al aula, a la edad del alumno. Es necesario utilizarse en forma adecuada porque si no, el aula se transforma en una sala de exposición. Eso es negativo porque distrae al alumno e interfiere con el aprendizaje.

Los frisos son importantes porque permiten:

⇨ Fijar lo enseñado.

⇨ Estimular la creatividad del alumno.

⇨ Aydar a la participación del grupo (los frisos los hacen los alumnos, no el maestro).

⇨ Formar hábitos de trabajo.

Los frisos se realizan en papel afiche, y se puede utilizar elementos variados, como cartones, cartulinas, papeles de colores, tierra, yerba, harina de maíz, arroz, etc.

Franelógrafo y pizarra magnética: Ayudan a seguir la historia con mayor facilidad, porque dan movimiento, y al variar los escenarios (hechos con franelas) permiten comprender mejor cómo era el lugar donde se desarrolla el relato.

Para construir un *franelógrafo*: Sobre una pizarra se adhiere una franela y sobre ésta, figuras, a las cuales se les ha pegado, en la parte de atrás, papel de lija para facilitar que se fije en la franela.

Para construir una *pizarra magnética*: Se fabrica con una plancha de metal (puede utilizarse la del franelógrafo) a la cual se adhieren escenarios, figuras, escenas, utilizando pequeños imanes.

Globo terráqueo y mapas: Estos se compran en librerías. Ayudan a ubicarse en el lugar donde se desarrolla la historia, calcular distancias recorridas, etc.

Diapositivas: Pueden comprarse o fabricarse. Si se desea fabricarlas, se cortan placas radiográficas (del tamaño del marco de las diapositivas, que se pueden comprar). Se destiñen con lavandina y se dibujan con tinta china de color, dibujos relacionados con el tema. Sirven para hacer audiovisuales, agregándoles un texto explicativo y música adecuada.

Títeres: Se pueden utilizar para contar historias. Un muñeco representa el papel de narrador.

Generalmente se utilizan para relatos cortos, para introducir a los niños en la historia bíblica, para realizar concursos, etc.

Se los puede comprar o fabricar. Para fabricarlos se puede utilizar paño, telas, bolsitas de papel (bolsitas de harina, azúcar). Se trabaja del lado interior, se dibujan para luego agregar papel crepé.

Instrumentos de evaluación

Evaluación significa la apreciación cualitativa de los resultdos logrados durante el transcurso de una clase, un mes o un año.

Cuando se evalúa, no sólo se mide la *cantidad* de conocimientos asimilados, sino que se determina todos los *progresos* logrados en lo que se refiere a:

⇨ Actitudes (disposición personal para realizar algo, tomar decisiones, resolver situaciones problemáticas).

⇨ Habilidades para diagramar, programar cosas.

⇨ Destrezas para realizar cosas (escribir a máquina, dibujar, etc.)

⇨ Forma de relacionarse con los demás.

⇨ Resolución de situaciones.

⇨ Aplicación de lo aprendido.

También, la evaluación permite detectar en qué ha fallado la conducción de las clases por parte del maestro. Es decir, no sólo se considera al alumno, sino también a todo lo utilizado: metodologías, técnicas, material y organización de las clases. En forma permanente se determina qué está sucediendo.

Jesús el gran maestro continuamente verficaba y evaluaba los progresos espirituales de sus discípulos. Observaba actitudes en situaciones normales cotidianas o provocadas donde tuvieron que tomar una decisión y aplicar lo aprendido.

La evaluación es fundamental, y es importante seleccionar cuidadosamente los criterios e instrumentos para evaluar. Es decir, tener en cuenta:

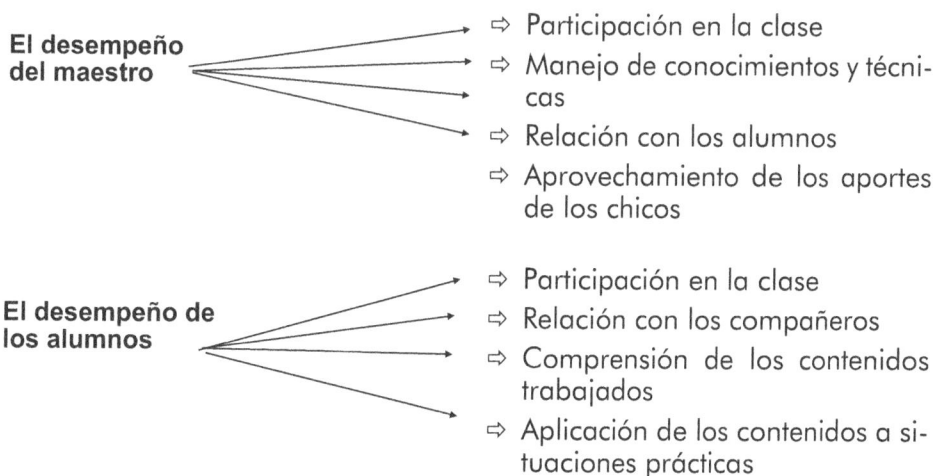

El desempeño del maestro

⇨ Participación en la clase

⇨ Manejo de conocimientos y técnicas

⇨ Relación con los alumnos

⇨ Aprovechamiento de los aportes de los chicos

El desempeño de los alumnos

⇨ Participación en la clase

⇨ Relación con los compañeros

⇨ Comprensión de los contenidos trabajados

⇨ Aplicación de los contenidos a situaciones prácticas

La evaluación debe ser continua, integral y flexible.

- *Continua* porque acompañará todos los momentos del aprendizaje.
- *Integral* porque considera el desarrollo en todas las áreas de la persona.
- *Flexible* porque se debe adaptar a cada grupo humano, teniendo en cuenta las experiencias vividas, planificadas y espontáneas.

Instrumentos de evaluación

Los *instrumentos* son todo lo que se utiliza para evaluar en forma integral al alumno (contemplándolo desde distintos puntos de vista). Para las clases bíblicas los instrumentos fundamentales son la observación y las pruebas.

Observación

Consiste en estudiar detenidamente y considerar con atención aspectos de la conducta del alumno en su relación con el maestro, con compañeros en la tarea que se debe realizar, o lo que aprende.

Se utiliza la observación para recolectar datos importantes, y se toman en cuenta situaciones cotidianas o provocadas.

La observación, para ser eficaz, debe ser ordenada y permanente. Debe contemplar la mayor cantidad de aspectos. Y debe ser elaborada por el maestro según la edad y características del grupo.

Sugerimos a continuación algunos aspectos para integrar en una observación:

1 - Nombre
- Edad
- Fecha
- Maestro

2 - Actitud del alumno frente a:
- Dios, Jesús, la Biblia, la Iglesia.

3 - Actitud del alumno frente a sus compañeros:
- Es buen compañero, generoso, egoísta, o no.
- Se relaciona con ellos con facilidad o no.
- Presta sus cosas o no.

4 - Actitud frente al maestro:
- Se relaciona con facilidad o no.
- Es colaborador o no.
- Trata de llamar su atención permanentemente.
- Comprende con facilidad lo que el maestro explica o no.

5 - Actitud frente al trabajo:
- Su atención es fácil de lograr o no.
- Se distrae con facilidad o no.
- Aplica lo aprendido o no.
- Le cuesta retener las enseñanzas, textos, canciones.

- Es responsable o no.
- Posee hábitos de independencia o necesita apoyo permanente por parte del maestro.
- Se muestra interesado o no.
- Participa en la clase o no.

Esto es sólo una sugerencia para orientar al maestro. Él puede considerar otros elementos que le ayuden a observar adecuadamente al alumno.

Pruebas

Son instrumentos importantes para verificar los resultados logrados por el alumno. Se deben utilizar luego que se haya enseñado un tema completo o varios. Las pruebas permiten:

⇨ Determinar qué dificultades tiene el alumno, y de esta manera ayudarlo a recuperarse de las mismas.

⇨ Evaluar conocimiento bíblico, juicio crítico para evaluar situaciones, actitudes.

⇨ Evaluar en forma oral a través del diálogo o preguntas utilizadas durante el transcurso de la clase o al finalizar un tema.

⇨ Evaluar en forma escrita, normalmente al finalizar un mes.

Las pruebas deben reunir los siguientes requisitos:

⇨ Ser interesantes. Deben captar la atención del alumno e incentivarlo para realizarlas.

⇨ Tener indicaciones claras, precisas, sin dar lugar a confusiones al interpretarlas.

⇨ Estar de acuerdo con el nivel de comprensión del grupo, es decir, no ser demasiado fáciles o difíciles, porque eso dificulta la evaluación, o frustra al alumno al no poder responder las preguntas.

⇨ Normalmente, no requerir escribir mucho para responder las preguntas.

⇨ No presentar trampas que dificulten la comprensión, y como consecuencia, la respuesta de las preguntas.

⇨ Ser objetivas. La calificación debe estar bien determinada antes de corregir cada pregunta.

Para elaborar las pruebas es necesario que el maestro siga los siguientes pasos:

⇨ Definir qué desea evaluar.

⇨ Seleccionar los elementos que mejor respondan a lo que quiere evaluar (conocimientos, juicios, actitudes).

⇨ Seleccionar el tipo de prueba que va a utilizar: oral, escrita, efectuar una síntesis, responder a preguntas, etc.

⇨ Elaborar la prueba redactando con cuidado las indicaciones para cada pregunta.

⇨ Verificar si la prueba está elaborada correctamente.

⇨ Preparar el puntaje asignado a cada pregunta. Por ejemplo, pregunta 1 vale dos puntos, pregunta 2 cinco puntos, etc.

⇨ En caso contrario, establecer los objetivos logrados necesarios, para aprobar la prueba sin consignar puntaje.

Algunos instrumentos de evaluación

Pruebas tradicionales

Son aquellas en las cuales los alumnos responden a preguntas elaboradas por el maestro, o posiblemente, redactan una síntesis sobre un tema. A través de ellas se verifica el nivel de conocimientos logrados por el grupo. Este tipo de prueba puede ser oral o escrita.

Crucigrama, grillas

Se verifica a través de una síntesis, tomando una palabra clave para verificar conceptos fundamentales sobre un tema desarrollado. Se acompaña el crucigrama o grilla con una serie de preguntas relacionadas con el tema para que completen espacios en blanco. Por ejemplo

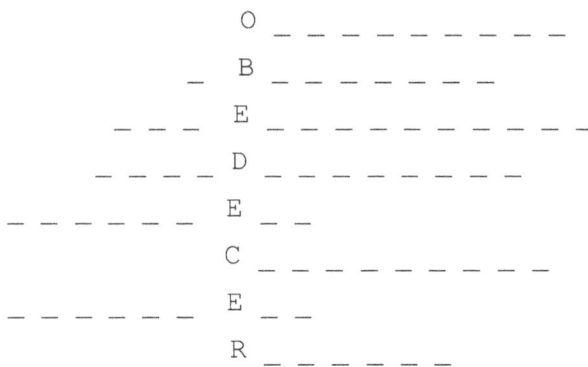

```
                    O _ _ _ _ _ _ _ _
                  _ B _ _ _ _ _ _
              _ _ _ E _ _ _ _ _ _ _ _
            _ _ _ _ D _ _ _ _ _ _ _ _
        _ _ _ _ _ _ E _ _
                    C _ _ _ _ _ _ _ _ _
        _ _ _ _ _ _ E _ _
                    R _ _ _ _ _ _
```

Cada letra debe estar acompañada por una pregunta. Puede entregarse una fotocopia a los alumnos o realizarlo en una hoja grande (cartulina) y pedir que respondan por grupo.

Evaluaciones a través de verdadero o falso

Se evalúa en forma individual. Para ello se sugieren respuestas que el alumno debe señalar si es verdadero o falso con una cruz, o unir con una flecha. Si se desea evaluar el juicio crítico del alumno, se puede solicitar que fundamente su respuesta de verdadero o falso.

Es importante variar la aplicación de los instrumentos de evaluación, para evitar la rutina y falta de creatividad.

Momentos de una clase

En el desarrollo de los temas anteriores, hemos planteado qué es planificar, y el programa y los elementos quelo integran. Ahora deseamos destacar los momentos de una clase que requieren una programación. Ellos son:

⇨ Introducción.
⇨ Desarrollo del tema propuesto para el día.
⇨ Clausura.
⇨ Recreación (optativo, según las circunstancias).

Estos momentos han de ser orientados por objetivos concretos, tema de acuerdo con ellos, canciones y versículos bíblicos para memorizar, actividades y evaluación. El cuadro los presenta en forma ordenada.

Los "momentos" del encuentro

INTRODUCCION	DESARROLLO DEL TEMA	CLAUSURA	RECREACION
Apertura, momento devocional. No es simplemente una apertura, sino que es un momento para preparar el ambiente y al alumno para hacerle sentir la presencia de Dios, despertar el deseo de comunicarse con Dios para recibir su mensaje. Este momento comienza cuando se recibe y saluda al primer integrante del grupo.	Presentación del tema: - Ubicación de la temática. - Personajes. - Lugar. - Mensaje especial. - Toma de decisión. - Fijación del tema. - Transferencia (aplicación) a situaciones especiales y concretas. - Establecimiento de tareas especiales para la semana de acuerdo con el tema.	Integración de lo enseñado: - Evaluación de lo aprendido. - Cierre final. - Este momento finaliza cuando se retira el último alumno.	Realización de actividades especiales aplicando normas de ética cristiana transmitidas durante la clase. (Este momento es optativo según las posibilidades del tiempo, lugar, etc.)

Todos los momentos son importantes, y están íntimamente relacionados. La clase debe estimular la adoración, porque

La adoración

⇨ Es fundamental para nuestro crecimiento espiritual, ya que por medio de ella nos relacionamos íntimamente con Dios.
⇨ Es una experiencia personal y social.

⇨ Estimula sentimientos de admiración, gratitud, amor y fe hacia Dios.

⇨ Favorece la formación de un estilo de vida cristiana.

La adoración

⇨ Debe surgir de las necesidades de cada persona y del grupo.

⇨ No debe ser resultado de un sentimentalismo vacío que sólo moviliza las emociones.

⇨ No debe ser impuesta. Surge naturalmente cuando está bien orientada.

La adoración

⇨ Despierta nuestra conciencia de Dios.

⇨ Estimula una actitud correcta hacia él.

⇨ Estimula hábitos de lectura bíblica y oración, es decir, vida devocional.

⇨ Mejora y profundiza nuestra relación con Dios.

⇨ Forma nuestro carácter como cristianos.

Por estas razones, cada encuentro *requiere* una preparación especial. Que se varie las actividades, metodologías para evitar la rutina. La rutina facilmente lleva al desinterés y la indisciplina de los alumnos.

El cuadro ofrece un plan de clase que se debe adaptar al grupo.

Un plan de clase

OBJETIVOS	CONTENIDOS	ACTIVIDADES	TECNICAS	MATERIALES	EVALUACION
- Reconocer el poder de Jesús. - Interpretar la situación vivida por los discípulos. - Reconocer la necesidad de confiar en Jesús. - Interpretar las consignas. - Relacionarse correctamente con los demás miembros del grupo.	El poder de Jesús. Marcos 4:36-41	- Apertura - Oración - Lectura del pasaje. - Análisis grupal del pasaje. - Exposición de conclusiones. - Dramatización de la escena vivida por Jesús y los discípulos. - Relato de testimonio de situaciones vividas por los chicos semejantes a lo analizado. - Clausura	- Pequeños grupos de discusión. - Plenario. - Juego con los roles. - Torbellino de ideas.	- Materiales para la dramatización. - Biblia. - Lápiz y papel. - Pizarra.	- Observación directa del trabajo de los alumnos: participación, interpretación de consignas, actitudes dentro del grupo en relación con los otros, transferencia de contenidos a la práctica diaria.

El maestro juega un papel fundamental al conducir los distintos momentos de la clase, porque debe:

⇨ Incentivar y estimular a los alumnos para despertar su interés y predisponerlos para aprender.

⇨ Relacionar el tema de la clase con conocimientos y experiencias previos del alumno, que sirven de base para su aprendizaje.

⇨ Orientar al alumno en todos los momentos de la clase.

⇨ Guiar al alumno para que descubra por sí mismo su situación espiritual.

⇨ Ayudar al alumno para que tome decisiones genuinas que no sean efecto de un estado emocional que lo confunda, sino por el contrario, producto de una comprensión real de las verdades bíblicas que le permitan descubrir su situación espiritual.

⇨ Evaluar permanentemente los logros o fallas.

⇨ Comprender las necesidades de cada alumno.

⇨ Respetarlo como persona.

Es por ello que el maestro debe reunir algunas características fundamentales, con las cuales algunos nacen y otros las adquieren. Pero lo esencial es que tenga una relación íntima y permanente con su Señor para que lo oriente y guíe en su tarea.

Hacer un lema de su vida lo que expresa Deuteronomio 6:4-9 (Versión Popular)

Oye, Israel: El Señor nuestro Dios es el único Señor.

Ama al Señor tu Dios con todo tu corazón, con toda tu alma y con todas tus fuerzas.

Grábate en la mente todas las cosas que hoy te he dicho, y enséñaselas continuamente a tus hijos; háblales de ellas, tanto en tu casa como en el camino, y cuando te acuestes y cuando te levantes. LLeva estos mandamientos atados en tu mano y en tu frente como señales, y escríbelos también en los postes y en las puertas de tu casa.

Vemos que todo maestro debe:

⇨ Reconocer el señorío de Dios en su vida.

⇨ Amarlo.

⇨ Estudiar su Palabra.

⇨ Ponerla en práctica.

⇨ Enseñarla.

De esta manera

Nosotros anunciamos a Cristo, aconsejando y enseñando a todos en toda sabiduría, para presentarlos perfectos en Cristo. Para esto trabajo y lucho con toda la fuerza y el poder que Cristo me da.

(Colosenses 2:28, 29)

Y ahora, gloria sea a Dios, que tiene poder para hacer muchísimo más de lo que nosotros pedimos o pensamos, por medio de su poder que actúa en nosotros. ¡Gloria a Dios en la iglesia y en Cristo Jesús, por todos los siglos y para siempre! Así sea.

(Efesios 3:20,21)

serán una realidad en las iglesias comprometidas auténticamente con el ministerio educativo.

Estela Miserere de Bardiz es:

Maestra de Educación básica.

Profesora de Filosofía pedagógica y Ciencias de educación.

Profesora a cargo de las siguientes cátedras (Instituto Superior del Profesorado Mariano Moreno, Bell Ville, Córdoba.):

- Metodología y Práctica de enseñanza
- Planeamiento, conducción y evaluación del aprendizaje
- Psicología educativa de la infancia
- Psicología educativa de la adolescencia

Profesora de la Escuela Bíblica Evangélica de Villa María, Cba.

El Ministerio educativo de la iglesia.

Asesoramiento pastoral

En su iglesia es coordinadora de talleres sobre:

- Planeamiento de clases y campamentos.
- El ministerio educativo de la iglesia.
- Educación cristiana para discapacitados.

Ha sido:

- Maestra de Escuela Dominical, Campamentos y Horas Felices
- Asesora pedagógica espiritual de campamentos.

Actualmente es coordinadora del departamento Horas Felices de su iglesia y coordinadora de grupos de estudio familiares.

Se terminó de imprimir en
Talleres Gráficos de
Ediciones CC
Córdoba 419 - Villa Nueva, Pcia de Córdoba
Mayo de 2014
IMPRESO EN ARGENTINA